Jürgen Wolff

Arbeitskalender Obst und Gemüse

Franckh-Kosmos

Impressum

Mit 15 Farbfotos von: Reinhard-Tierfoto, Heiligkreuzsteinach-Eiterbach: 17, 37; Robert Sulzberger, Lindau: 35, 36; Jürgen Wolff, Gengenbach: 18, 38, 55, 56

Mit 31 Zeichnungen von: Karin Aichele, Mallorca, Spanien: 7; Horst Lünser, Berlin: 9, 12, 21, 26, 28, 32, 39, 41, 43, 45, 47, 48, 51, 53, 57, 58, 59, 61, 63, 64, 65, 67, 69, 70, 72

Vignetten von Marianne Golte-Bechtle, Stuttgart

Umschlaggestaltung von Atelier Reichert, Stuttgart, unter Verwendung von vier Farbfotos von Bildarchiv Sammer, Neuenkirchen (großes Bild Vorderseite), Jürgen Wolff, Gengenbach (zwei kleine Bilder Vorderseite und kleines Bild Rückseite)

Die Deutsche Bibliothek –
CIP-Einheitsaufnahme

Wolff, Jürgen:
Arbeitskalender Obst und Gemüse : [mit Tips für den Kräuteranbau] / Jürgen Wolff. – Stuttgart : Franckh-Kosmos, 1992
ISBN 3-440-06293-7
NE: HST

Alle Angaben in diesem Buch sind sorgfältig geprüft und geben den neuesten Wissensstand bei der Veröffentlichung wieder. Da sich das Wissen aber laufend in rascher Folge weiterentwickelt und vergrößert, muß jeder Anwender prüfen, ob die Angaben nicht durch neuere Erkenntnisse überholt sind. Dazu muß er zum Beispiel Beipackzettel zu Dünge-, Pflanzenschutz- bzw. Pflanzenpflegemitteln lesen und genau befolgen sowie Gebrauchsanweisungen und Gesetze beachten.

Dieser Kalender gibt grobe Richtlinien für den jeweils richtigen Zeitpunkt der Arbeiten. Die Angaben muß jeder auf die klimatischen Verhältnisse an seinem Ort »übersetzen«. Die Hinweise in diesem Buch orientieren sich an den Durchschnittstemperaturen. Wer in einem klimatisch ungünstigen Gebiet bzw. im bevorzugten Weinbauklima gärtnert, muß die Terminangaben entsprechend verschieben.

© 1992, Franckh-Kosmos Verlags-GmbH & Co., Stuttgart
Alle Rechte vorbehalten
LH LG TK/rr/ISBN 3-440-06293-7
Printed in Germany / Imprimé en Allemagne
Satz: G. Müller, Heilbronn
Herstellung: Huber KG, Dießen

Inhalt

Inhalt

Inhalt

Januar

Allgemeines

Umfragen zeigen eindeutig, daß gerade im Nutzgarten der naturgemäße Anbau gefragt ist. Die Ratschläge in diesem Buch basieren auf den Richtlinien des biologischen Gartenbaus. Dazu zählen schonende Bodenbearbeitung und -pflege, Abwehr von Schädlingen und Krankheiten mit sanften Mitteln und die Erhaltung eines natürlichen Gleichgewichts – Faktoren, die der Umwelt nützen, aber auch den Gartenbesitzern selbst. Denn sie ernten gesundes Obst und Gemüse, das einen hohen Nährwert aufweist und außerdem prima schmeckt.

Gemüse

Planung

Standort und Klima
Der Anbau von Gemüse gelingt an der Küste ebenso wie im Bergland, wobei eine Höhe von 1000 m als Grenze anzusehen ist. Rauhes Klima bedingt spätere Aussaat- und Pflanztermine und eine kürzere Saison. Eine wichtige Rolle spielt das Kleinklima, das sich durch richtige Plazierung des Gemüsegartens beeinflussen läßt. Windschutz erhalten die Beete durch die Anlage einer Hecke quer zur Hauptwindrichtung; am besten ist eine gemischte Laubhecke, denn sie bietet gleichzeitig Nistplätze für Vögel, die als Insektenvertilger willkommen sind. Ungünstig ist eine nach allen Seiten abgeschlossene Lage, die die Entwicklung von Pilzkrankheiten und Schädlingen eher fördert.

Unbedingte Voraussetzung für erfolgreichen Gemüseanbau ist eine vollsonnige Lage. Sonne bewirkt nicht nur besseres Wachstum, sondern auch ein ausgeprägtes Aroma. Je mehr Sonne, desto höher der Vitamingehalt und desto niedriger der (schädliche) Nitratanteil im Gemüse.

Gartengröße
Bei ausreichendem Platz können Sie die Familie das ganze Jahr hindurch mit Gemüse aus dem eigenen Garten versorgen. Als Anbaufläche rechnet man pro Person 30–50 m². Wenn auch eigene Kartoffeln gewünscht sind – und darauf sollten Sie nicht verzichten –, darf die Fläche um die Hälfte größer sein.

Beetplanung
Die Einteilung der Beete sollte schon in diesem Monat geplant werden. Das erleichtert nicht nur die Bestellung des gewünschten Saatguts, sondern ist auch für den späteren Ernteerfolg wichtig. Die Beetaufteilung erfolgt keineswegs willkürlich, sondern nach den Regeln der Fruchtfolge und Mischkultur. Mit Fruchtfolge ist der jährliche Beetwechsel gemeint, der eine optimale Ausnutzung der Bodennährstoffe gewährleistet, Bodenmüdigkeit und der Übertragung von Krankheiten vorbeugt und in der Folge zu einem höheren Ertrag führt. Unter Mischkultur versteht man abwechselnde Gemüsereihen; wobei solche Gemüsearten nebeneinander angebaut werden, die sich z.B. gegenseitig im Wachstum fördern oder von den Nachbarpflanzen Schädlinge abwehren. Welche Gemüsearten miteinander harmonieren, ist in den jeweili-

gen Pflanzenbeschreibungen genannt. Um die Beetfläche bestmöglichst auszunutzen, wird gewöhnlich außer der Hauptkultur auch noch eine Vor- und eine Nachkultur angebaut. So ist z. B. bei Bohnen, die das Beet erst ab Mitte Mai beanspruchen, eine Vorkultur mit Salat möglich, und nach der Bohnenernte kann auf derselben Fläche noch Feldsalat ausgesät werden.

Nährstoffbedarf beachten
Der Gemüsegarten wird in vier Beetflächen aufgeteilt; entsprechend dem unterschiedlichen Düngerbedarf der einzelnen Gemüsearten. Ein Beet ist den Starkzehrern vorbehalten; das sind die Pflanzen mit einem hohen Nährstoffbedarf. Dazu zählen Gurken, Kürbisse, Zucchini, Lauch (Porree), Knollensellerie, alle Kohlarten, Zuckermais und Kartoffeln. Im zweiten Beet werden Mittelzehrer angebaut – Pflanzen mit mäßigem Düngerbedarf. Diese größte Gruppe umfaßt alle Gemüsearten, die nicht zu den Stark- oder Schwachzehrern gehören. Schwachzehrer, die keinen oder nur wenig Dünger benötigen, baut man

Erdbeeren vertragen sich gut mit Zwiebelgewächsen aller Art. Dagegen mögen sie keinen Kopf- und Blumenkohl in unmittelbarer Nachbarschaft.

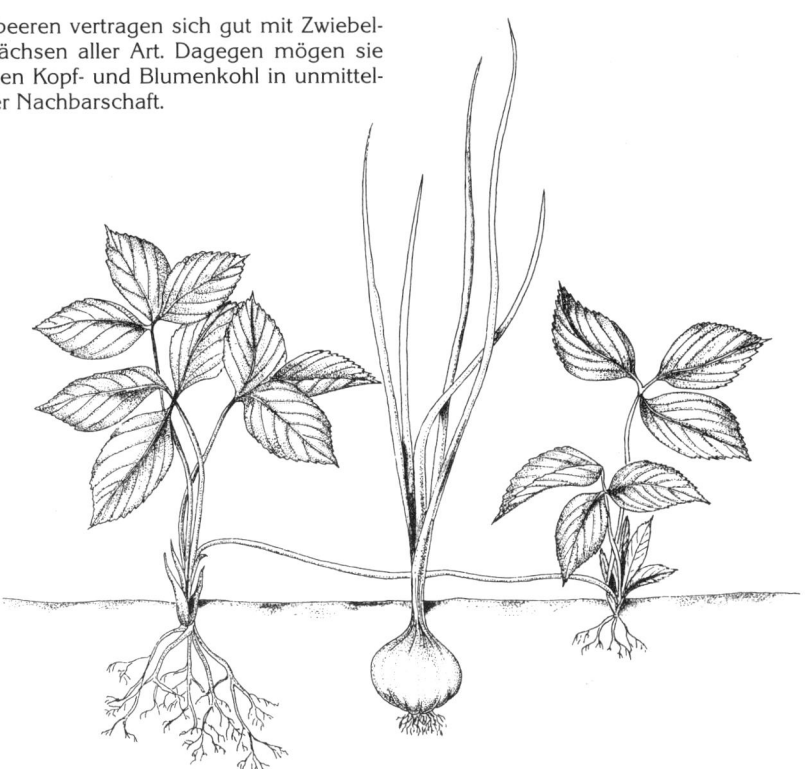

auf dem dritten Beet an. Dazu gehören Erbsen, Bohnen, Radieschen, Zwiebeln, Feldsalat und die meisten einjährigen Kräuter. Das vierte Beet schließlich ist den Pflanzen vorbehalten, die mehrere Jahre hintereinander denselben Platz beanspruchen: ausdauernde Kräuter, Erdbeeren, Spargel und Rhabarber.

Vorbereitung der Anbaufläche

Wenn das Wetter es zuläßt, können die Beete, sofern nicht schon im Herbst geschehen, in diesem Monat im Umriß angelegt werden. Die Anbaufläche selbst wird zu dieser Zeit allerdings noch nicht bearbeitet. Der Hauptweg sollte mindestens 50 cm breit sein, damit er auch mit der Schubkarre befahren werden kann. Man befestigt ihn mit Natursteinplatten oder Klinkersteinen. Kieswege sind recht dekorativ, erfordern aber in der Folge häufiges Unkrauthacken. Die Trittpfade zwischen den Beeten brauchen nur 30 cm breit zu sein. Als Belag ist eine dicke Schicht aus gehäckseltem Gehölzschnitt besonders gut geeignet. Da das Material verrottet, ist eine Änderung der Beetanlage möglich.

Beetgröße und Beetformen

Als günstigste Beetbreite hat sich in der Praxis ein Maß von 120 cm erwiesen. Dadurch können die Gemüsereihen von beiden Seiten bequem erreicht werden. Für eine komfortablere Bearbeitung kann die Breite auf 100 cm vermindert werden. Die Beetlänge richtet sich nach dem vorhandenen Platz im Garten. Zweckmäßigerweise legt man die Beete in Rechteckform an, aber ebenso sind individuelle Formen möglich.

Ernte und erste Aussaaten

Grünkohl und Lauch (Porree) benötigen auch bei klirrender Kälte keinen Frostschutz und können weiterhin geerntet werden. Bei fehlendem Niederschlag müssen sie an milden Tagen gewässert werden, denn ihre Blätter verdunsten auch im Winter Wasser. Nicht ganz so frosthart sind Chinakohl und Winterspinat. Feldsalat braucht Licht, und als Schutz gegen starke Fröste wird er lediglich mit dürrem Reisig abgedeckt. Bis März ist für Feldsalat fortlaufend Erntezeit.

Die ersten Aussaaten sind schon jetzt fällig; in diesem Monat aber noch am Zimmerfenster. Kresse ist bereits nach gut einer Woche fertig zum Abschneiden. Ab Ende Januar kann man auf der Fensterbank bereits Jungpflanzen von Salat, Frühkohl und Kohlrabi heranziehen, die ab Februar im Frühbeet gepflanzt werden.

Obst

Planung

Standort und Klima

Wie beim Gemüse ist auch für den Anbau von Obst generell ein vollsonniger Standort erforderlich. Bei den Obstbäumen vertragen allein Pflaumen einen Platz im lichten Schatten, und auch der Schwarze Holunder kann leichte Beschattung vertragen.

Dagegen brauchen Schattenmorellen unbedingt eine sonnige Lage. Die Bezeichnung ist aus dem französischen »Chateau« (Schloß) abgeleitet und hat

mit Schatten nichts gemein. Von den Beerensträuchern wachsen Himbeeren und Stachelbeeren im Halbschatten noch zufriedenstellend, lediglich Heidelbeeren sind auf einen beschatteten Platz im Garten angewiesen. Geschützte Lage ist für Pfirsiche, Aprikosen und Kiwis erforderlich; zufriedenstellende Ernten kann man allerdings bei diesen wärmebedürftigen Arten nur in Gegenden mit Weinbauklima erwarten.

Gehölzformen

Von der Größe des Gartens hängt es ab, welche Baumformen bevorzugt werden. Hochstämme sind aber für die heute üblichen Grundstücksmaße in der Regel zu groß. Halbstämme bieten hier einen geeigneten Kompromiß. Je nach Obstart werden auch Viertelstämme, Büsche und Spindelbüsche angeboten. Sie beanspruchen nur wenig Platz, so daß mehrere unterschiedliche Arten und Sorten gepflanzt werden können. Sonderformen sind Spalierobstbäume, die an gespannten Drähten oder einem Wandspalier hochgeleitet werden; vorteilhaft für Obstarten, die geschützte Lagen erfordern.

Sortenauswahl

Die Wahl einer geeigneten Obstsorte sollte nicht nur vom gewünschten Aussehen und Geschmack bestimmt werden. Hier spielt vor allem das Klima eine wichtige Rolle.

Auch die Anfälligkeit für artentypische Krankheiten hängt entscheidend von der Sorte ab. Gerade im naturgemäßen Anbau sollte man deshalb auf die Sorten zurückgreifen, die dem örtlichen Klima angepaßt sind.

Winterschutz nicht vergessen

Ab Mitte Januar bekommen die Stämme von Obstbäumen einen Kalkanstrich, um sie vor Frostschäden zu schützen. Der Wechsel von der wärmenden Wintersonne zu frostkalten Nächten kann andernfalls dazu führen, daß die Rinde reißt. Anstelle von Kalk verwendet man heute vorzugsweise fertige Baumanstrichmittel.

Zur Vermeidung von Wildschäden an Obstbäumen, vor allem in abgelegenen Gärten häufig ein Problem, hilft die Einzäunung des Grundstücks; oder man umgibt die Stämme mit einem Maschendrahtgeflecht. Als Schutz gegen Fraßschäden durch Feldmäuse sollte man die Mulchschicht unmittelbar am Stamm entfernen.

Der Kalkanstrich an Obstbäumen verhindert, daß die Rinde durch Sonneneinwirkung im Spätwinter aufreißt.

Februar

Allgemeines

Im naturgemäßen Anbau ist die Bodenverbesserung durch regelmäßiges Verteilen von Kompost eine der wichtigsten Maßnahmen (siehe Oktober, Seite 63f.). Denn Kompost schafft Humus, und dieser »Stoff« ist genau das, was die Gartenerde fruchtbar macht und die Pflanzen wunschgemäß wachsen läßt. Zum Schutz der überaus wichtigen Kleinstlebewesen sollte die Bodenoberfläche möglichst ganzjährig bedeckt sein. Dieses als Mulchen bezeichnete Abdecken aller freien Beetflächen und Baumscheiben im Obstgarten mit Pflanzenresten bewirkt eine zusätzliche Humuszufuhr. Weitere Vorteile sind: Bodenschutz, verstärkte Aktivität des Bodenlebens, Unterdrückung des Unkrautwuchses und Verhinderung des Austrocknens im Sommer (siehe auch zum Mulchen August, Seite 52).

Gemüse

Das Frühbeet

Bau eines Frühbeets
Wer nicht über ein Gewächshaus verfügt, baut sich ein Frühbeet selbst, oder er verwendet eine der angebotenen Fertigkonstruktionen. Das Frühbeet bekommt den sonnigsten Platz im Garten. Für den Eigenbau sind 3 cm starke Bretter empfehlenswert. Die Eckpfosten sollen 8×8 cm stark sein. Gemauerte oder aus Beton gegossene Frühbeete sind dauerhafter, transportable Konstruktionen praktischer. Als Abdeckung sind Stegdoppelplatten aus Acrylglas geeignet; oder man verwendet Luftpolsterfolie, die mit Leisten an einem Holzrahmen befestigt wird. Auch die Nutzung ausgedienter Fenster ist möglich. Die übliche Höhe über der Bodenoberfläche beträgt vorn 25 cm, hinten 35 cm; die Abdeckung ist also schräg, um die Sonnenstrahlen im günstigen Winkel einzufangen.

Mitte Februar »Wärmepackung« einfüllen
Die Sonnenenergie sorgt unter der schützenden Glasabdeckung des Frühbeets für eine höhere Temperatur. Nachts ist der Wärmevorteil allerdings gering, auch wenn eine dicke Laubschicht an den Seitenwänden als Isolierung dient. Der »kalte Kasten« ist daher im Februar, wenn noch starke Fröste drohen, nur mit Einschränkung nutzbar. Dagegen kann ein beheiztes Frühbeet schon in diesem Monat für den Anbau von Frühgemüse genutzt werden. Als Heizquelle kann man ein Erdheizkabel im Boden auslegen, das wegen der anfallenden Stromkosten jedoch nicht immer eine praktikable Lösung darstellt. Weitaus besser ist eine natürliche – kostenlose – Wärmequelle in Form einer »Packung« aus Tiermist oder organischen Abfällen. Eine 40 cm dicke Packung aus frischem Pferdemist liefert drei bis vier Wochen lang ausreichend Wärme. Auch Rindermist kommt dafür in Frage. Alternativ kann man eine Mischung aus Laub, Stroh und zerkleinerten organischen Garten- und Küchenabfällen verwenden. Zusätzlich mischt man Hornmehl oder anderen organischen Dünger sowie kohlensauren Kalk oder Algenkalk darunter. Das Material

10

wird mit warmem Wasser befeuchtet, aber nicht zu stark durchnäßt.

Mitte Februar ist der beste Zeitpunkt, um das Frühbeet mit Pferdemist zu füllen. Bei einer Packung aus Rindermist oder organischem Abfallmaterial wartet man bis Ende Februar. Der Unterboden wird vorher 50 cm tief ausgehoben. Die Packung bedeckt man 10 cm hoch mit Humuserde. Pferdemist muß gut festgetreten, Rindermist oder Abfallmaterial nur mäßig verdichtet werden.

Anbau im Frühbeet

Nach einer Wartezeit von zwei Tagen (bei Pferdemist fünf Tage) können die vorher am Zimmerfenster herangezogenen Jungpflanzen gesetzt werden oder die ersten Aussaaten erfolgen. Kopfsalat, Pflücksalat, Kohlrabi, Rettich, Radieschen und Frühkohl sind die bevorzugten Gemüsearten für den Anbau unter Glas. Zusätzlich können Kresse und Kerbel gesät werden.

In Gegenden mit rauhem Klima kann es erforderlich sein, die Aussaaten und Jungpflanzen bei Gefahr starker Fröste zusätzlich mit Folie oder Vlies abzudecken, um einen zuverlässigen Kälteschutz zu erreichen. Tagsüber muß das Frühbeet so oft wie möglich gelüftet werden. Der Einbau selbsttätiger, stromloser Fensteröffner ist unbedingt empfehlenswert, um eine Überhitzung zu vermeiden, die bei starker Sonneneinstrahlung leicht möglich ist.

Beetabdeckung mit Folie und Vlies

Durch das Abdecken der Gemüsebeete mit durchsichtiger Kunststoffolie oder Vlies – ein feinmaschiges, lichtdurchlässiges Kunststoffgewebe – erzielt man frühere Ernten. In der Praxis hat sich vor allem Vlies hervorragend bewährt. Von den Folien sind besonders Schlitz- und Lochfolien geeignet, weil sie ebenso wie Vlies wasser- und luftdurchlässig sind und eine Überhitzung der Pflanzen vermeiden. Ein angenehmer Nebeneffekt besteht darin, daß durch die Abdeckung Gemüsefliegen an der Eiablage gehindert werden. Die Haltbarkeit des Abdeckmaterials ist auf zwei bis drei Jahre begrenzt.

Folientunnel sind durch die neuartigen Abdeckmaterialien ein wenig ins Hintertreffen geraten, zumal sie bei stürmischem Wetter leicht weggefegt werden. Hier wird die Folie durch Drahtbügel in größerem Abstand über dem Beet gehalten.

Bodenvorbereitung im Freiland

Die Beete werden erst unmittelbar vor der Aussaat gelockert. Bereits in diesem Monat sollte man jedoch die Beete, die für den Anbau von Stark- und Mittelzehrern vorgesehen sind, mit einer Grunddüngung versorgen. Das ist besser, als wenn erst bei der Aussaat gedüngt wird. Die Laubabdeckung der Wintermonate wird abgerecht und der organische Dünger in die Bodenoberfläche eingearbeitet. Ab Ende Februar kann Kompost auf allen Anbauflächen ausgebracht werden. Kompost wird nicht eingehackt und darf schon gar nicht untergegraben werden; man verteilt ihn etwa fingerdick über den Beeten – fertig.

Februar

Freiland-Aussaat

Im Februar verlockt häufig schon sonniges Wetter zum Aussäen. Aber nur in Gegenden mit sehr mildem Klima kann tatsächlich bereits Ende des Monats gesät werden. Möhren, Radieschen, Rettich, Lauch, Feldsalat und Spinat sind als Erste an der Reihe.

Viele Gemüsepflanzen vertragen Frostgrade recht gut. Salatpflanzen zum Beispiel; vorausgesetzt, sie sind bereits gut angewurzelt. Auch Zwiebeln und Möhren können einige Minusgrade »wegstecken«. Bei Rettich und Radies können allerdings schon kalte Nächte von −5 °C Schäden bewirken. In der Regel wartet man mit der Aussaat besser bis März, denn eine höhere Bodentemperatur läßt die Samen zügig keimen.

Unter dem Schutz einer Folie kann man schon eher etwas riskieren. Die Folie wird einige Tage vor dem anvisierten Aussaattermin ausgelegt, so daß sich der Boden ein wenig erwärmen kann. Aber auch Abdeckfolien bieten bei zu früher Aussaat keine Gewähr, daß das Gemüse noch schneller heranwächst. Vor Ende Februar sollte im Freiland keinesfalls Gemüse gesät oder gepflanzt werden.

Vorkultur unter Glas

Mit der Aussaat am Zimmerfenster gibt es dagegen in diesem Monat keine Probleme. Ab Mitte Februar nimmt die Lichtintensität spürbar zu, so daß an einem hellen Zimmerfenster (Süd- bis Westseite) brauchbare Bedingungen herrschen.

Für die Vorkultur von Gemüsepflanzen, die im März ins Freiland gesetzt werden und auf diese Weise einen Wachstumsvorsprung erreichen, braucht man Saatschalen, die mit Anzuchterde gefüllt werden. Günstig sind auch Torftöpfe, denn dadurch bleiben die Wurzeln

1 Die Samenkörner werden in nicht zu engem Abstand in die festgedrückte Aussaaterde gelegt, dünn mit Erde bedeckt, anschließend überbraust und an einen hellen, warmen Ort gestellt.

2 Das Abdecken mit einer Glasscheibe oder auch Überspannen mit einer Klarsichtfolie sorgt für hohe Luftfeuchtigkeit – »gespannte Luft« –, die Keimung wird beschleunigt.

3 Die Sämlinge werden pikiert (vereinzelt), sobald sie die ersten Laubblätter bilden. Durch vorheriges Überbrausen mit Wasser lassen sich die Sämlinge leichter aus der Erde holen.

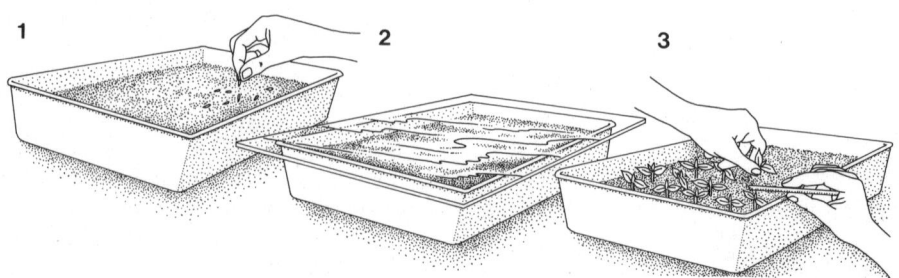

1   2   3

beim Aussetzen ins Beet unbeschädigt. Die normale Raumtemperatur läßt die Samen rasch keimen: in der Anfangsphase verhilft das Abdecken der Saatschalen mit Folie oder einer Glasscheibe zum schnelleren Keimerfolg. Gesät werden jetzt Salat, Lauch, Kohlrabi und Frühkohl, die im März als Jungpflanzen ins Freiland kommen.

Obst

Rückschnitt der Obstbäume

Die zweite Februarhälfte ist die günstigste Zeit für den Rückschnitt von Obstbäumen. Starke Fröste sind danach nicht mehr zu erwarten, und die Gehölze stehen noch nicht im Saft. Man kann zwar auch noch bei beginnendem Austrieb schneiden, aber dadurch schwächt man die Bäume unnötig. Die Arbeit mit der Astschere und Baumsäge ist nötig, um das Wachstum der Triebe zu regulieren und den Früchten Licht und Luft zu verschaffen. Der Obstbaumschnitt ist ein Thema für ein eigenes Buch, daher werden nachfolgend nur wenige Tips und Ratschläge gegeben. Bücher, die ausgiebig über den Gehölzschnitt informieren, gibt es im Buchhandel.

Der Baum besteht aus einem Stamm, dessen Fortsetzung nach oben als Mitteltrieb bezeichnet wird. Hiervon gehen die Leitäste ab, an denen wiederum Nebenäste mit noch dünneren Zweigen sitzen.

In jedem Jahr werden alle dürren und kranken Äste und Zweige entfernt, außerdem zu dicht stehende oder sich überkreuzende Zweige sowie die senkrecht wachsenden »Wasserschosse«. Von parallel zueinander wachsenden Konkurrenztrieben schneidet man einen weg.

Früchte setzen vor allem an solchen Trieben an, die in etwa waagerecht wachsen. Steiler aufragende Triebe kann man durch »Spreizen« mit einer Astgabel in die richtige Richtung bringen.

Obstgehölze pflanzen

Ab Ende Februar beginnt auch wieder die Pflanzzeit für Obstgehölze, sofern sie nicht schon im Herbst (siehe Oktober, Seite 66) gepflanzt wurden. Es bleibt aber noch Zeit, Obstbäume und Beerensträucher für die Frühjahrspflanzung auszusuchen. Da sie in Baumschulen in Kühlräumen gelagert werden, um einen zu frühen Austrieb zu verhindern, ist auch noch ein Pflanztermin im März oder April möglich.

Beerensträucher

Beerensträucher schneidet man gewöhnlich nach der Ernte, also im Spätsommer. Der Rückschnitt ist deshalb im Monat August (siehe Seite 58) beschrieben. Falls das Schneiden versäumt wurde, kann die Arbeit mit der Schere jetzt noch nachgeholt werden. Der Schnitt sollte aber bis Mitte Februar erfolgt sein, da bei Beerensträuchern der Saft früher aufsteigt als bei Obstbäumen.

In leichten Böden ist Ende Februar bereits die erste Düngung fällig. Gewöhnlich wartet man damit jedoch bis März.

März

Allgemeines

Düngung

Im Nutzgarten muß der Boden mit Nährstoffen versorgt werden, damit Bodenfruchtbarkeit und Ertrag erhalten bleiben. Die Hauptdüngung erfolgt im Frühjahr. Gemüsebeete düngt man vor der Aussaat, und je nach Kulturdauer wird im Laufe der Saison noch ein- bis zweimal nachgedüngt.

Obstbäume bekommen gewöhnlich im Frühjahr die Hälfte der gesamten Düngermenge; im Mai und Juli dann jeweils noch einmal ein Viertel. Beerensträucher düngt man im Frühjahr und dann erst wieder nach der Ernte.

Organische und mineralische Dünger

Im naturgemäßen Anbau werden organische Dünger den mineralischen Düngesalzen vorgezogen. Während Mineraldünger von den Pflanzenwurzeln direkt aufgenommen werden, erfolgt die Nährstoffversorgung der Pflanzen bei organischer Düngung mit Kompost, Stallmist oder organischen Handelsdüngern auf dem Umweg über die Bodenlebewesen. Erst durch den Abbau der organischen Stoffe durch die Bodenlebewesen werden die Nährstoffe freigesetzt und für die Pflanzenwurzeln überhaupt verfügbar.

Da die Freisetzung von vielen Faktoren, z. B. der organischen Ausgangssubstanz, dem Besatz mit Bodenlebewesen, der Temperatur und der Bodenfeuchte, abhängig ist, werden die Nährstoffe langsamer freigesetzt, was aber wiederum einer Überdüngung vorbeugt.

Nährstoffanteile beachten

Organische Dünger sind unter anderem Hornspäne, Horn-, Blut- und Knochenmehl sowie getrockneter Tiermist wie Rinderdung oder Guano. Sie werden als Einzeldünger oder in einer ausgewogenen Mischung als Volldünger angeboten. Vor der Anwendung sollte man unbedingt auf die Packungsangaben achten, denn sie zeigen die darin enthaltenen Nährstoffmengen an.

Wird regelmäßig Kompost auf den Beeten verteilt, sollte die auf der Packung angegebene Menge reduziert werden.

Stickstoff ist am wichtigsten

Im Nutzgarten ist vor allem die Versorgung mit Stickstoff notwendig, denn dieser Nährstoff kann vom Boden nicht gespeichert werden.

Reichlich Stickstoff enthält Brennesseljauche, die man leicht selbst herstellen kann. Ein Kilo Brennesselblätter läßt man in zehn Litern Regenwasser ziehen; bei warmem Wetter fünf Tage, bei kühlen Temperaturen zwei Wochen. An einem sonnigen Standort beginnt schnell der Gärungsprozeß, der durch häufiges Umrühren gefördert wird. Die Beimischung von Steinmehl (eine Handvoll auf zehn Liter) vermindert die Geruchsentwicklung. Die abgesiebte Jauche wird anschließend mit der zehnfachen Menge Wasser verdünnt und im Wurzelbereich der Gemüsepflanzen und Obstgehölze verteilt.

Phosphor ist dagegen meist in ausreichender Menge im Boden vorhanden. Da er lange im Boden gebunden wird, sind zusätzliche Gaben nur in Ausnahmefällen nötig. Ähnliches gilt für Kalium.

März

Gemüse

Bodenvorbereitung

Gleich zu Anfang des Monats verteilt man, falls nicht schon im Februar geschehen, reichlich Kompost auf den Beeten. Reste der winterlichen Laubabdeckung auf der Anbaufläche werden vorher abgerecht und auf den Komposthaufen gebracht. Die erforderliche Düngermenge richtet sich nach der Pflanzenart. Starkzehrer erhalten im Lauf der Saison pro m² Beetfläche 80 – 100 g organischen Volldünger.
Mittelzehrer erhalten 50 – 80 g Volldünger: die erste Hälfte jetzt und die zweite Gabe vier Wochen nach dem Keimen der Saat. Schwachzehrer bekommen keine zusätzlichen Volldüngergaben, wenn der Boden ausreichend mit Kompost versorgt ist.

Aussaat im Freiland

Die Aussaat sollte nicht unmittelbar nach der Düngung erfolgen. Der Zeitpunkt richtet sich nicht nur nach dem Kalender, sondern vor allem nach der Witterung. Der Boden muß sich wenigstens auf 5°C erwärmt haben; mit einem Bodenthermometer läßt sich das nachprüfen. Lehmiger Boden erwärmt sich langsamer als Sandboden. Er darf erst dann bestellt werden, wenn er nicht mehr »schmiert«; d.h., solange beim Betreten der Beete Erde an den Stiefeln klebenbleibt, ist es noch zu früh. Keinesfalls dürfen die Gemüsebeete im Frühjahr noch einmal umgegraben werden. Der Boden wird vor der Aussaat lediglich an der Oberfläche etwa 3 cm tief gelockert. Eine tiefere Bodenbearbeitung würde die feinen Kapillarröhrchen, die das Wasser aus den tieferen Schichten nach oben transportieren, unterbrechen.

Aussaatpraxis

Gesät wird in Reihen, deren Abstände von der jeweiligen Gemüseart abhängig sind. Reihensaat erleichtert die spätere Bearbeitung der Anbaufläche, denn gleichzeitig keimende Unkräuter können so leichter erkannt und mit einer Hacke entfernt werden.
Die günstigste Saattiefe beträgt 1 – 3 cm (siehe jeweils Angaben auf den Samentütchen). Im Frühjahr wird grundsätzlich flacher ausgesät als in der warmen Jahreszeit. Auch die Stärke der Samenkörner entscheidet über die Tiefe der Saatrillen: Man legt sie nach einer Faustregel doppelt so tief in die Erde, wie sie selbst dick sind. Feines Saatgut, beispielsweise von Salat, Möhren und zahlreichen Kräutern, wird nur mit einer hauchdünnen Erdschicht bedeckt. Pillensamen dürfen nicht tiefer als 1 cm unter die Bodenoberfläche kommen.
Die Samenkörner legt man etwas dichter aus, als die Pflanzabstände betragen. Zu dicht wachsende Sämlinge können später herausgezogen – »ausgedünnt« – oder in Lücken gesetzt werden. Nach dem Säen drückt man mit dem Rücken einer Harke die Saatreihen leicht an; die Samenkörner bekommen dadurch Bodenschluß und keimen besser. Zuletzt wird mit der Gießbrause gewässert; aber bitte sanft, damit die Samen nicht weggeschwemmt werden. Gleichmäßige Bodenfeuchtigkeit ist bis zum Keimen besonders wichtig.

März

Das wird jetzt gesät

Für die Frühaussaat Anfang März kommen Gemüsearten und Kräuter in Frage, die schon bei geringen Wärmegraden keimen. Alle nachfolgend genannten Gemüsearten können bereits in diesem Monat im Freilandbeet gesät werden. Empfohlen wird bei so zeitiger Aussaat das Abdecken mit Vlies oder Folie; nur Spinat und Feldsalat kommen in der Regel ohne diese Maßnahme aus. Wer keine Kunststoffabdeckungen auf den Beeten möchte, sollte – vor allem in kühleren Regionen – mit dem Säen bis Ende des Monats oder bis Anfang April warten.

Spinat ist äußerst robust und trotzt auch widrigen Witterungsbedingungen. Gesät wird in einem Reihenabstand von 15–20 cm; als Pflanzabstand genügen 5–10 cm. Bei der Aussaat (1–2 cm tief) kommt es ganz besonders darauf an, daß nur die oberste Bodenschicht gelockert wird, denn mangelnder Bodenschluß führt zu schlechten Keimergebnissen. Bei der Düngung ist zu beachten, daß eine üppige Nährstoffversorgung zwar schönes, dunkelgrünes Laub bewirkt, aber auch den Nitratgehalt erhöht. Weniger Dünger bringt also für die Gesundheit mehr. Als Mischkulturpartner sind Radieschen, Möhren, Kohl, Kohlrabi und Erdbeeren geeignet. Zwei Wochen nach der Aussaat sollte man bereits erste Folgesaaten vornehmen.

Feldsalat steht dem Spinat an Robustheit nicht nach. Die Kultur ist ähnlich: Reihenabstand 15–20 cm, Pflanzabstand 10–15 cm. Die Samen legt man 1 cm tief. Später als Ende März sollte jedoch nicht mehr gesät werden. Kalkhaltiger Boden fördert das Wachstum, aber Dünger wird, wenn überhaupt, nur sparsam verwendet. Mischkultur mit Kohlrabi und Zwiebeln ist möglich.

Radieschen können bereits sechs bis sieben Wochen nach der Aussaat geerntet werden. Der günstigste Reihenabstand beträgt 10–15 cm. Die Saatkörner legt man im Abstand von 2–3 cm in höchstens 1 cm tiefe Rillen. Zu dicht wachsende Sämlinge werden nach dem Keimen herausgezogen, so daß der endgültige Pflanzenabstand 4–5 cm beträgt; andernfalls bilden sich keine runden Knollen. Da Radieschen zu den Schwachzehrern zählen, ist keine Zusatzdüngung nötig. Als Partner für Mischkulturen sind Möhren, Spinat, Salat, Petersilie und Schnittlauch empfehlenswert; auch Kohl und Erbsen, die aber erst im April angebaut werden.

Rettich, ein enger Verwandter der Radieschen, erfordert ähnliche Anbaubedingungen. Als Reihen- und Pflanzabstand sind 25–30 cm nötig; Saattiefe: 2 cm. Für die zeitige Aussaat nur frühe Sorten verwenden; der schwarze Winterrettich wird erst im Sommer gesät. Da die Kulturzeit rund drei Monate beträgt, ist eine geringe Zusatzdüngung erforderlich. Für die Mischkultur kommen zahlreiche Gemüsearten als Beetpartner in Frage: Erbsen, Kohlrabi, Möhren, Salat, Rote Bete und Spinat sowie Erdbeeren und Petersilie. Ungünstig sind Gurken und Zwiebeln.

Gartengeräte wollen gepflegt werden. Während der arbeitsarmen Zeit Ende Herbst/Anfang Winter werden sie gründlich gereinigt und kommen an einen trockenen Ort.

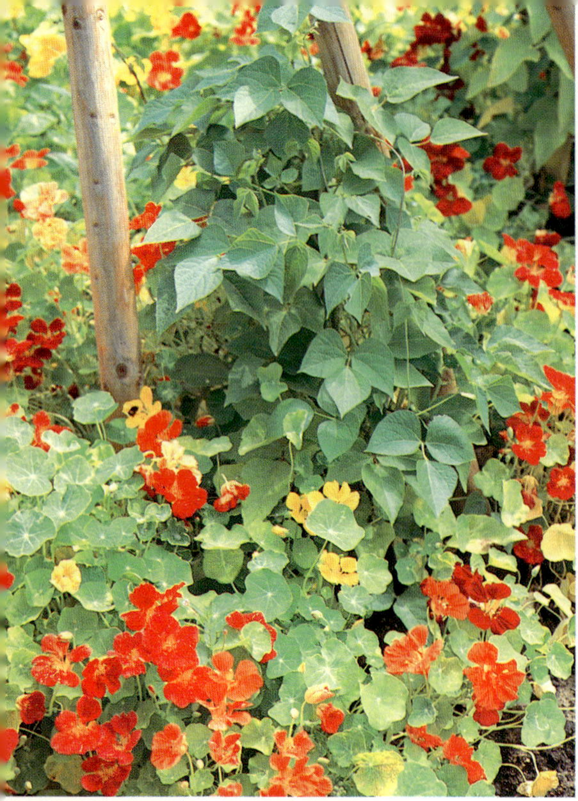
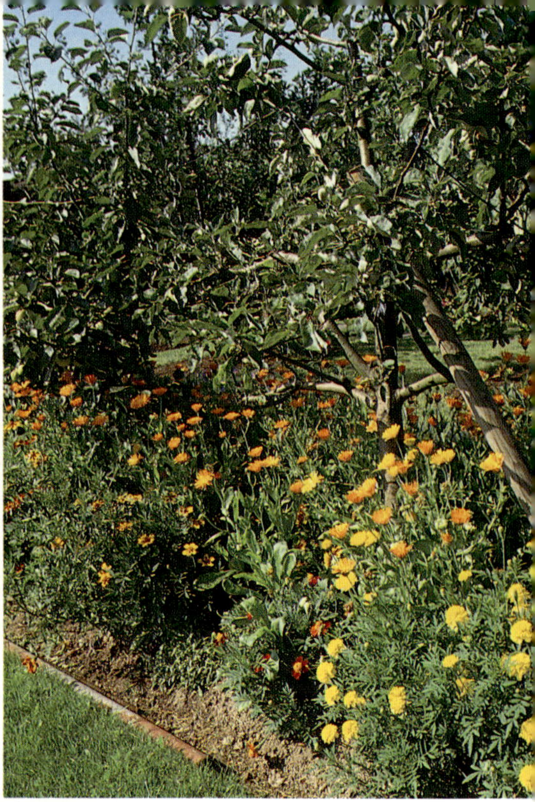
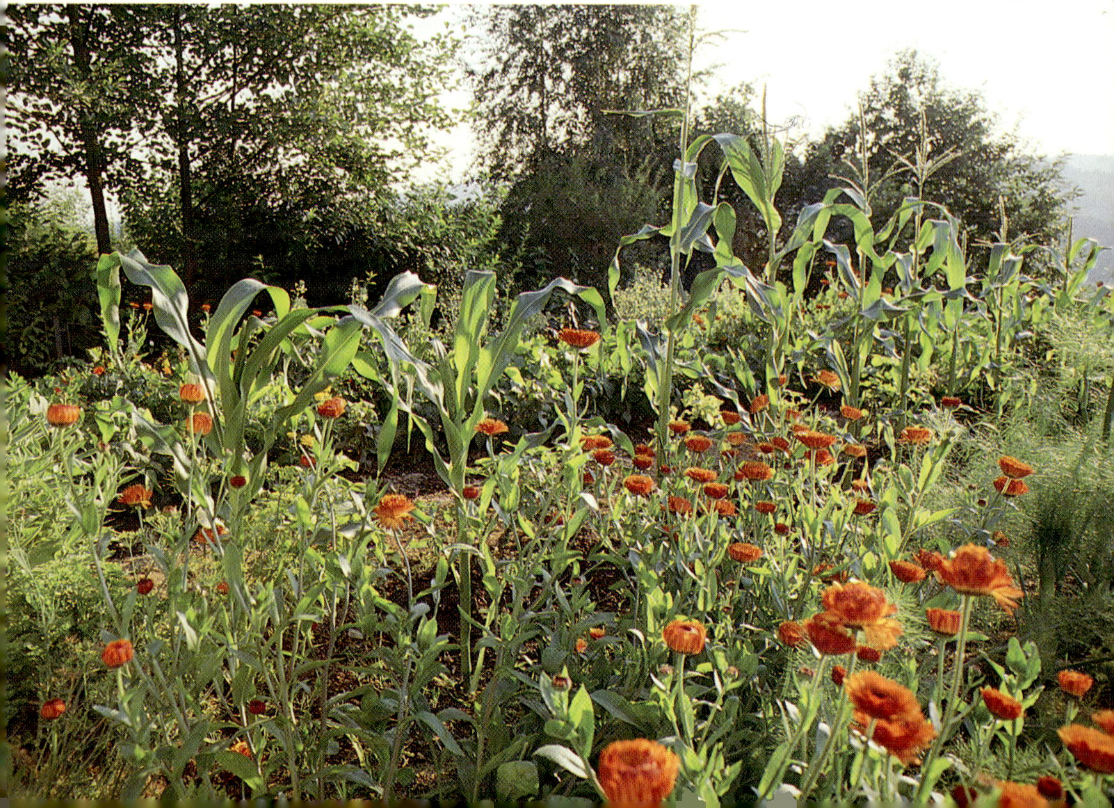

März

Möhren zählen noch immer zu den Favoriten im Nutzgarten. Für zeitige Aussaat sind ausschließlich frühe Sorten geeignet. Reihenabstand: 15–20 cm. Die Samen werden in 1 cm tiefe Rillen gelegt, die Sämlinge später auf 5–8 cm Abstand ausgedünnt. Da Möhren erst nach drei bis vier Wochen keimen, ist es ratsam, einige Radieschensamen als Markiersaat mit auszulegen. Mäßige Düngung und ein kalkhaltiger Boden fördern das Möhrenwachstum. Gegen den Befall mit Möhrenfliegen hilft das Abdecken mit Vlies oder Gemüsefliegennetzen; auch die Mischkultur mit Zwiebeln trägt zur Abwehr dieses Schädlings bei. Weitere Mischkulturpartner sind Salat, Erbsen, Radieschen, Endivien, Lauch, Dill, Schnittlauch und Knoblauch.

Kopfsalat darf im Garten nicht fehlen. Früheste Sorten erlauben die Aussaat schon in diesem Monat. Als Reihen- und Pflanzabstand sind 25 cm erforderlich. Der Boden darf nur mäßig gedüngt sein, sollte aber einen nicht zu geringen Kalkgehalt aufweisen. Der Anbau erfordert ein wenig Geduld, denn in den ersten Wochen entwickeln sich die dünnstieligen Pflänzchen nur langsam. Dennoch ist Direktsaat auf dem Beet empfehlenswerter als das Vorziehen von Jungpflanzen unter Glas. Der Vorsprung der Vorkultur wird häufig durch den Wachstumsschock durch Kälte nach dem Einpflanzen ins Freiland vermindert, und die Neigung zum späteren Schossen nimmt zu. Für die Mischkultur eignen sich zahlreiche Gemüsearten: Erbsen, Kohlrabi, Möhren, Radieschen, Rettich, Rote Bete und Zwiebeln; außerdem Erdbeeren, Dill, Kresse und Pfefferminze. Ungünstig als Beetnachbar ist Petersilie.

Pflücksalat entspricht im Anbau dem Kopfsalat. Da er etwas größer wird, ist ein Reihen- und Pflanzabstand von 30 cm nötig. Schon nach kurzer Zeit können die ersten Blätter geerntet werden; man pflückt jeweils die äußeren Blätter, so daß aus der Mitte weitere für fortlaufende Ernten herauswachsen.

Schnittsalat ist von den Blattsalaten der robusteste und kann im März auch ohne Folienabdeckung im Freiland gesät werden. Als Reihenabstand genügen 10–15 cm. Schnittsalat bildet keine Köpfe, sondern längliche Blätter, die man bei einer Länge von höchstens 10 cm abschneidet. Schon nach vier Wochen kann man die ersten kleinen Blätter schneiden. Bodenansprüche und Mischkultur wie Kopfsalat.

Zwiebeln haben eine lange Kulturzeit. Ab Ende März gesät, sind sie erst Ende August erntereif. Für eine frühere Ernte kann man im April Steckzwiebeln setzen. Für die Freilandaussaat benötigt man einen Reihenabstand von 20 cm; die Sämlinge werden später auf 5–10 cm Abstand ausgedünnt. Die Saattiefe beträgt 1–2 cm. Kalkhaltiger Boden verbessert die Wachstumsbedingungen; stickstoffreiche Zusatzdüngung ist zu vermeiden. Günstige Beetnachbarn sind Lauch, Radieschen, Rote Bete, Sellerie, Erdbeeren, Petersilie, Dill und

Bunte Mischkultur mit Blumen: Kapuzinerkresse unter Stangenbohnen (oben links), Ringelblumen unter Obstbäumen (oben rechts) und Ringelblumen zwischen Zuckermais (unten). (Siehe auch Seite 6 und 28.)

19

Möhren; letztere wehren Zwiebelfliegen ab.

Knoblauch ähnelt in den Bodenansprüchen den Zwiebeln. Die einzelnen Zehen steckt man Anfang März 5 cm tief mit einem Abstand von 10–15 cm. Wegen seiner abwehrenden Wirkung gegen Pilzkrankheiten und Wühlmäuse bei benachbarten Pflanzen wird Knoblauch vorzugsweise in Mischkulturen mit Möhren, Gurken, Tomaten und Erdbeeren angebaut, aber auch unter Obstbäumen und im Ziergarten zwischen Rosen, Lilien oder Tulpen.

Erbsen bieten doppelten Nutzen, denn sie reichern über Knöllchenbakterien an den Wurzeln den Boden mit Stickstoff an. Die kälteresistenten Pal- oder Schalerbsen sät man Anfang März, Zucker- und Markerbsen ab Ende des Monats. Niedrige Sorten brauchen einen Reihenabstand von 30 cm, höher wachsende Erbsen 60 cm Abstand. Als Stütze für die hochrankenden Pflanzen steckt man Reisig in die Erde. Die Samen legt man ungewöhnlich tief: 5 cm. Der Pflanzabstand beträgt zirka 5 cm. Kalkreicher Boden ohne zusätzliche Stickstoffdüngung ist am besten. Geeignete Mischkulturpartner im Beet sind Möhren, Endivien, Knollenfenchel, Gurken, Kohlrabi und Salat.

Puffbohnen, im Norden auch Dicke Bohnen genannt, sind im Gegensatz zu den anderen Bohnenarten äußerst robust und sollten schon Anfang März gesät werden. Ein so früher Aussaattermin vermindert gleichzeitig den Befall mit schwarzen Läusen. Die Bohnen legt man 5 cm tief in Reihen mit 40 cm Abstand. Der spätere Pflanzabstand beträgt 25 cm. Da Bohnen ebenso wie Erbsen Stickstoff mit Hilfe der Knöllchenbakterien im Boden sammeln, ist Stickstoffdüngung entbehrlich. Ein kalkreicher Boden ist von Vorteil.

Schwarzwurzeln brauchen einen tief gelockerten Boden, denn die Wurzeln können bis zu 50 cm lang werden. Man sät sie 1–2 cm tief in Reihen mit 25–30 cm Abstand und vereinzelt sie später auf einen Pflanzabstand von 10 cm. Die Nährstoffansprüche sind gering. Mischkultur ist mit Bohnen, Kohl, Möhren oder Zwiebeln zu empfehlen.

Pflege der Anbauflächen

Während der Keimphase der Aussaaten muß das Austrocknen der Erde – auch kurzfristig – vermieden werden. Sobald die ersten Sämlinge sichtbar sind, wird der Boden zwischen den Gemüsereihen gehackt. Damit soll das Wachstum konkurrierender Unkräuter unterdrückt und die Verdunstung des Bodenwassers verringert werden.

Die Winterkulturen von Feldsalat, Spinat, Lauch und Grünkohl werden im Laufe des Monats abgeerntet, damit der Platz für Neusaaten frei wird.

Rhabarber ist schneller erntereif, wenn man den Austrieb ab Anfang März mit einer Folie bedeckt. Eine Neupflanzung ist auch in dieser Jahreszeit möglich. Die Wurzelstücke werden mit Meterabstand gesetzt. Die erste Ernte ist dann im übernächsten Jahr fällig. Ältere Pflanzen werden jetzt mit Kompost und einer Handvoll Dünger versorgt.

Beete, die erst später genutzt werden, sollten nicht unbedeckt bleiben, sondern mit Gründüngung eingesät werden (siehe August, Seite 54).

Aussaat im Freien

1 Der Boden auf den Beeten sollte erst dann betreten werden, wenn er nicht mehr »schmiert«, also an den Stiefelsohlen keine Erdreste mehr klebenbleiben.

2 Die Samenkörner werden in nicht zu engem Abstand in 2–3 cm tiefe Saatrillen gelegt. Bei langsam keimendem Saatgut – z.B. Möhren – als Markiersaat Radieschenkörner hinzufügen.

3 Die Samen werden anschließend mit Erde bedeckt, aber keinesfalls »vergraben«. Gewöhnlich doppelt so tief in die Erde, wie sie selbst dick sind.

4 Nach dem Säen wird gründlich gewässert. Die Erde im Saatbeet darf bis zum Keimen der Saat nie völlig austrocknen.

5 Zu dicht wachsende Sämlinge werden herausgezogen oder – falls noch Lücken zu füllen sind – vorsichtig umgepflanzt.

März

Auspflanzen von Setzlingen

Das Setzen vorgezogener Jungpflanzen sollte nicht vor Mitte März erfolgen. Der Boden muß von der Sonne bereits ausreichend erwärmt sein, damit der Übergang von der Zimmerwärme zum Freilandklima nicht zu kraß ausfällt. Für die Pflanzung selbst ist allerdings bedeckter Himmel wichtig, um den Setzlingen einen »Sonnenbrand« zu ersparen. Gepflanzt werden zu dieser Zeit vor allem Jungpflanzen von Kopfsalat, Kohlrabi, Lauch und frühen Kohlsorten. Mit einem Setzholz drückt man ein ausreichend tiefes Loch in die Erde. In einem stark lehmigen Boden benutzt man besser eine Handhacke. Nach dem Einsetzen der Pflanzen wird die Erde an die Wurzeln gedrückt, damit keine Hohlräume bleiben, und anschließend gewässert.

Nur in Gegenden mit besonders mildem Klima dürfen bereits Ende März Kartoffeln in die Erde kommen. Auf jeden Fall sollte man aber zu diesem Zeitpunkt Saatkartoffeln zum Vorkeimen auslegen. Geeignet ist ein mäßig warmer (zirka 10 °C) und heller Raum. Die Saatkartoffeln werden dicht nebeneinander in einer offenen Kiste ausgebreitet; die Seite mit den meisten »Augen« zeigt nach oben.

Frühbeet – säen, pflanzen und rechtzeitig lüften

Von den ab Seite 16 beschriebenen Gemüsearten können alle mit kurzer Kulturzeit und geringem Platzbedarf auch im Frühbeet gesät werden. Gleichzeitig werden jetzt die vorgezogenen Jungpflanzen gesetzt. Wenn der Platz im Frühbeet für Kohl zu knapp ist, sät man ihn hier lediglich aus und setzt die Jungpflanzen später ins Freiland. Bei sonnigem Wetter muß die Abdeckung des Frühbeets rechtzeitig angehoben werden, damit es nicht zur Überhitzung der Pflanzen kommt. Viel Frischluft ist für das Wachstum günstiger als stickige Wärme, durch die das Entstehen von Krankheiten begünstigt wird.

Weitere Jungpflanzen vorziehen

Mitte März werden am Zimmerfenster oder im geheizten Gewächshaus Tomaten ausgesät. Sie benötigen zum Keimen eine Mindesttemperatur von 18 °C. Noch etwas wärmebedürftiger sind Auberginen und Paprika, die ebenfalls jetzt vorgezogen werden. Auch Knollensellerie, Neuseeland-Spinat und Artischocken sind auf eine hohe Anzuchttemperatur angewiesen. Pflanzzeit ist für alle diese Gemüsearten erst ab Mitte Mai.

Kräuter

Allgemeines

Zu den wenigen Kräutern, die im März im Freiland gesät werden können, zählen Petersilie, Schnittlauch und Kerbel. Die meisten anderen sät man erst ab April. Einige wärmebedürftige Kräuter sollten jedoch in diesem Monat bereits unter Glas vorgezogen werden. Das gilt für Baldrian, Basilikum, Russischen Estragon, Majoran, Salbei, Thymian, Wermut und Zitronenmelisse. Sie kei-

men am besten bei Zimmerwärme. Im Mai können sie dann auf den Beeten ausgepflanzt werden. Kresse sät man dagegen besser in Schalen auf der Fensterbank aus, da sie bereits nach einer Woche fertig zum Abschneiden ist.

Petersilie ist das am meisten verwendete Gewürzkraut. Wichtig ist, daß die Aussaat auf einem Beet erfolgt, auf dem wenigstens drei Jahre lang keine Petersilie stand. Die Aussaat erfolgt ab Ende des Monats in Reihen mit 20 – 30 cm Abstand. Als günstige Mischkulturpartner gelten Radieschen, Rettiche und Zwiebeln; ungünstig ist die Nachbarschaft von Salat.

Schnittlauch braucht einen Reihenabstand von 20 cm. Ausdünnen nach der Saat ist nicht nötig. Die Pflanzen sind mehrjährig und treiben im Frühjahr wieder aus. Empfehlenswert ist auch die Aussaat von Knoblauch-Schnittlauch, der Speisen den typischen Knoblauchgeschmack verleiht, aber keinen Mundgeruch verursacht. Als Beetnachbarn sind Möhren und die verschiedenen Kohlarten geeignet.

Kerbel wird Ende März an einem halbschattigen Standort gesät. Der Reihenabstand beträgt 10 cm. Die jungen Blätter können bereits im Mai geerntet werden. Folgesaaten sind empfehlenswert; gesät wird vorzugsweise neben Salat.

Obst

Obstgehölze pflanzen

Wer im Herbst die Pflanztermine für Obstgehölze versäumt hat, kann das jetzt noch nachholen. Grundsätzlich können im Frühjahr alle Obstbäume und Beerensträucher gesetzt werden. Die bessere Pflanzzeit ist jedoch für die meisten der Herbst. Es gibt allerdings Ausnahmen: Aprikosen, Pfirsiche und Nektarinen pflanzt man vorzugsweise Ende März; Quitte, Walnuß, Brombeeren, Wein und Kiwis erst im April (Pflanzung siehe Oktober, Seite 66).

Obstbäume mit Sonderwünschen

Der Anbau von Aprikosen, Pfirsichen und Nektarinen ist nur in Gegenden mit mildem Klima erfolgversprechend. Und auch hier sind sie auf einen geschützten Standort angewiesen. Bei der Auswahl sollte man sich auf späte Sorten beschränken, die einigermaßen robust sind. Pfirsiche werden meistens als Buschbäume, seltener als Halbstämme angeboten. Sie sind selbstfruchtbar, benötigen also keinen zweiten Baum als Pollenspender. Noch etwas empfindlicher sind die eng verwandten Nektarinen, deren Früchte im Geschmack Pfirsichen ähneln, aber eine glatte Haut aufweisen. Aprikosen haben einen noch höheren Wärmebedarf als Pfirsiche, und auch die Blütezeit ist früher. Sie werden deshalb bevorzugt als Spalier an einer Hauswand gezogen, wo sie am besten geschützt sind. Aprikosen sind in der Regel selbstfruchtbar und werden zumeist als Buschbäume angeboten.

Letzter Termin für den Rückschnitt

Sofern die Schnittarbeiten bei den Obstbäumen noch nicht erledigt wurden, sollten sie spätestens zum Monats-

beginn ausgeführt werden (siehe Februar, Seite 13). Bei den Beerensträuchern erfolgt der Rückschnitt grundsätzlich nach der Ernte (siehe August, Seite 58).

Obstbäume düngen

In diesem Monat ist bei den Obstbäumen die Hauptdüngung fällig. Davon ausgenommen sind neu gepflanzte Bäumchen, die lediglich mit Kompost versorgt werden. Ältere Obstbäume erhalten im Frühjahr ebenfalls reichlich Kompost, der auf der Baumscheibe verteilt wird, aber organischen Handelsdünger bekommen sie in der Regel nur alle zwei Jahre. Die Düngergaben sollten dann allerdings nicht zu knapp ausfallen. Viel Dünger benötigt vor allem Steinobst, also Pflaumen, Mirabellen, Kirschen, Aprikosen und Pfirsiche; pro m^2 Anbaufläche erhalten diese Bäume bis zu 200 g organischen Volldünger. Kernobstbäume wie Äpfel und Birnen bekommen zirka 150 g. Wegen der unterschiedlichen Nährstoffgehalte sind die Angaben auf der Packung zu beachten.

Pflanzenschutz für Obstbäume

Im naturgemäßen Obstanbau verzichtet man bewußt auf die sonst üblichen Winter- und Austriebsspritzungen. Das heißt aber nicht, daß die Obstgehölze sich selbst überlassen bleiben. Zur Stärkung der natürlichen Widerstandskraft gefährdeter Obstbäume gegen Schorf werden natürliche Pflege- und Stärkungsmittel ab Ende März bis Mitte Juni alle zwei Wochen gespritzt. Gleichzeitig können sie gegen Monilia-Fruchtfäule bei Kernobst sowie gegen Monilia-Spitzendürre eingesetzt werden. Davon befallene, vertrocknete Spitzentriebe werden vorher abgeschnitten.

Beerensträucher düngen

Durch regelmäßiges Verteilen von Kompost und sorgfältiges Mulchen sind Beerenobststräucher schon weitgehend mit Nährstoffen versorgt. Anfang März erhalten Beerensträucher eine Zusatzdüngung – maximal 100 g organischen Volldünger pro m^2 Beetfläche. Stickstoffreichen Dünger sollte man bei Beerenobst sparsam verwenden. Generell benötigen rote Johannisbeeren, Stachelbeeren, Jostabeeren und Brombeeren etwas weniger Nährstoffe als schwarze Johannisbeeren und Himbeeren.

Erdbeeren

Auch bei Erdbeeren übernimmt ein humusreicher, gemulchter Boden einen Großteil der Nährstoffversorgung. Um einen höheren Ertrag zu erzielen, gibt man ihnen Anfang März pro m^2 zirka 50 g organischen Volldünger oder Spezial-Erdbeerdünger. Für eine frühere Ernte kann man die Erdbeerreihen jetzt mit Folie abdecken. Während der Blütezeit muß die Folie entfernt werden. Frühjahrspflanzung ist bei Erdbeeren möglich, aber die beste Pflanzzeit ist im Juli/August (siehe Seite 51). Im März können Sie Monatserdbeeren, die bis in den Herbst hinein Früchte tragen, am Zimmerfenster aussäen; Mitte Mai werden sie ausgepflanzt.

April

Allgemeines

Unliebsame Gäste im Garten

Schnecken haben schon so manchem Gartenbesitzer sein Hobby verleidet. Die Anwendung von Schneckenkorn kommt für den Bioanbau nicht in Frage. Da Schnecken mit Vorliebe neu gesetzte oder frisch ausgesäte Gemüsepflanzen fressen, müssen sie möglichst von den Beeten ferngehalten werden.

Schneckenzäune aus feuerverzinktem Stahlblech mit einer abgewinkelten Kante bieten eine recht wirksame und zugleich dauerhafte Lösung. Das gleiche gilt für Elektro-Schneckenzäune, die mit Batterie- oder Solarstrom gespeist werden und die Tiere am Überqueren hindern. Allerdings muß darauf geachtet werden, daß die Schnecken nicht schon in den betreffenden Beeten überwintern. Sie legen ihre Eier im Herbst vorzugsweise in Erdspalten und unter einer dicken Mulchdecke ab. Häufiges Hacken der Bodenoberfläche hilft ein wenig, aber bei verstärktem Auftreten von Schnecken sollte man eventuell ein Jahr auf Mulchen ganz verzichten.

Bierfallen sind ebenfalls wirksam, locken aber unter Umständen noch mehr Schnecken in den Garten. Empfehlenswert ist das Streuen von Steinmehl, Algenkalk, Sägemehl, scharfem Sand oder Holzasche rund um gefährdete Pflanzen. Nach Regen muß neu gestreut werden. Da Schnecken den Geruch mancher Pflanzen nicht mögen, kann man sie durch entsprechende »Duftbarrieren« abhalten; beispielsweise durch Aussaat eines breiten Streifens mit Gelbsenf oder Weißklee sowie durch Auslegen intensiv riechender Blätter von Tomaten, Salbei, Ysop oder Thymian.

Regelmäßiges Absammeln der gefräßigen Tiere verspricht vor allem in den Abendstunden Erfolg, denn dann sind sie am aktivsten. Oder man sammelt sie morgens unter ausgelegten, feuchten Brettern oder unter Rhabarberblättern ein, die sie als Versteck aufsuchen. Als Lockmittel eignen sich auch Kleiehäufchen. In der Praxis funktioniert die Schneckenabwehr am besten, wenn man mehrere Maßnahmen miteinander kombiniert. Außerdem sollten schneckengefährdete Beete grundsätzlich nur morgens, und dann auch nur jede Pflanze einzeln, bewässert werden. Das großflächige Überbrausen in den Abendstunden verschafft den schleimigen Gartengästen beste Bedingungen für ihr nächtliches Werk!

Wühlmäuse fressen im Nutzgarten mit Vorliebe Wurzelgemüse und Kartoffeln sowie die Wurzeln von Kohl und Salat. Und sie schaffen es sogar, junge Obstbäume durch Vertilgen der Wurzeln zu erledigen.

Da Wühlmäuse geruchsempfindlich sind, sollte man in die Gänge Blätter von Nußbäumen oder *Thuja* stopfen oder Jauche aus Holunderblättern hineingießen. Erstaunlich wirksam ist das Auslegen der Gänge mit Menschenhaar – beim Friseur gibt's davon reichlich. Die Pflanzung von Kaiserkronen und Wolfsmilch (*Euphorbia latyris*) wehrt ebenfalls Wühlmäuse ab – leider nur in der unmittelbaren Nähe dieser Pflanzen. Wenn alles nicht hilft, bleibt nur das Aufstellen von Fallen.

Gemüse

Beetpflege

Zwischen den Saatreihen wird die Bodenoberfläche weiterhin regelmäßig gelockert. Für die engen Abstände von Mischkulturreihen ist der Einsatz des Sauzahns hilfreich. Zu dicht auflaufende Saaten werden vereinzelt; die Sämlinge werden ausgezupft oder vorsichtig mit ihren Wurzeln aus der Erde geholt, falls noch an anderer Stelle Lücken zu füllen sind.

Sofern Aussaaten mit Folien abgedeckt wurden, nimmt man sie gelegentlich ab, um die Beete bearbeiten zu können. Beim Anbau von Kopfsalat wird die Folie ganz entfernt, sobald sich die Köpfe

Mit dem »Sauzahn« – einem Gerät zur Bodenlockerung mit einem kräftigen Zinken – läßt sich die Erde auch zwischen den engen Reihen von Mischkulturen schonend lockern.

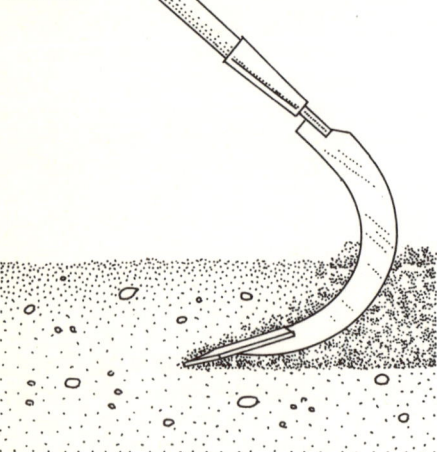

bilden. Möhren und Spinat werden von der Abdeckung befreit, wenn sie die ersten Laubblätter zeigen. Radieschen bleiben bis zur Ernte bedeckt. Bei allen anderen Gemüsearten läßt man die Folie bis Mitte Mai auf dem Beet.

Aussaat und Pflanzungen im Freiland

Alle im März genannten Gemüsearten können auch jetzt noch gesät werden. Ausgenommen ist Feldsalat. Bei Aussaat in der zweiten Aprilhälfte und später muß berücksichtigt werden, daß für einige Gemüsearten entsprechende – mittelfrühe – Sorten verwendet werden. Das gilt vor allem für Salat, denn ein späterer Saattermin erfordert schoßfeste Sorten. Die für die jeweilige Sorte geeignete Aussaatzeit ist auf der Packung angegeben.

Kohl kann in zahlreichen Variationen angebaut werden. Beliebt ist immer noch Blumenkohl, der aber in der Gunst der Gartenbesitzer zunehmend von Brokkoli abgelöst wird. Die Kulturbedingungen von beiden sind ähnlich: Gesät wird in Reihen mit 50 cm Abstand; der Abstand der Pflanzen untereinander sollte 60 cm betragen. Von Praktikern wird das Setzen vorkultivierter, also unter Glas herangezogener Jungpflanzen gegenüber der Direktsaat favorisiert. Die Setzlinge kommen möglichst tief in die Erde. Als Starkzehrer benötigen alle Kohlarten eine üppige Düngung. Zur Vermeidung der Kohlhernie, einer häufig auftretenden, typischen Kohlkrankheit, sollte in das Pflanzloch Kalk gestreut werden. Wenn in der Vergangenheit bereits Kohlhernie aufge-

treten ist, darf auf dem Beet erst nach einer Pause von fünf Jahren wieder Kohl angebaut werden. Als geeignete Nachbarpflanzen für die Mischkultur sind Tomaten, Kartoffeln, Erbsen, Lauch, Sellerie, Spinat und Salat geeignet. Weißkohl, Rotkohl, Rosenkohl und Wirsing erfordern nahezu gleiche Anbaubedingungen wie Blumenkohl und Brokkoli, einzig die Abstände werden etwas größer gewählt. Vom Chinakohl dürfen nur für die April-Aussaat geeignete, besonders schoßfeste Sorten schon jetzt gesät werden; ansonsten ist im Juli Aussaattermin.

Kohlrabi ist in den Nährstoffansprüchen bescheidener als seine Verwandten aus der Kohlfamilie. Frühe Sorten benötigen einen Reihenabstand von 25 cm und einen Pflanzabstand von 30 cm. Spätere Sorten werden etwas weiter auseinander gesetzt. Auch beim Kohlrabi ist das Vorziehen unter Glas ratsam. Die Jungpflanzen setzt man im Gegensatz zum Kohl hoch. Geeignet sind Mini-Erdhügel, denn eine zu tiefe Pflanzung verhindert die Bildung runder Knollen. Mischkultur wie beim Kohl; außerdem mit Bohnen und Gurken.

Rote Bete sollte wegen seines hohen Gesundheitswerts nicht übergangen werden. Die Samen legt man 3 cm tief mit 25–30 cm Reihenabstand. Als Pflanzabstand genügt 6–8 cm, denn die Knollen sollten möglichst jung geerntet werden; dann sind sie besonders zart.

Mischkultur wird empfohlen mit Bohnen, Erbsen, Kohlrabi, Salat, Zwiebeln, Dill und Erdbeeren. Ungünstige Beetnachbarn sind Möhren und Spinat.

Mangold ist noch selten im Hobbygarten vertreten. Die vitaminreichen Blätter werden wie Spinat, die Stiele wie Spargel zubereitet. Rotstieliger Mangold wirkt zudem im Gemüsebeet äußerst dekorativ. Rippenmangold braucht 40 cm Reihen- und Pflanzabstand, Blattmangold 30 cm in der Reihe und 20 cm zwischen den Pflanzen. Mischkultur-Nachbarn: Radieschen, Rettich, Kohl und Möhren.

Kartoffeln kommen ab Mitte April in die Erde, vorgekeimte Saatkartoffeln zum Monatsende. Wenn sie Mitte Mai austreiben, ist die Frostgefahr vorbei. Für die im Hobbygarten bevorzugten Frühkartoffeln genügt ein Abstand von 35 cm. Die Pflanztiefe beträgt höchstens 5 cm. Ein gut gedüngter Boden ist Voraussetzung für gutes Wachstum. Mischkultur ist wegen des Anhäufelns nicht ratsam.

Lauch, im Norden besser als Porree bekannt, erfordert unterschiedliche Aussaatzeiten. In diesem Monat wird Winterlauch gesät, während Sommerlauch schon im zeitigen Frühjahr vorgezogen und im Mai gepflanzt wird. Reihenabstand 30 cm, späterer Pflanzabstand 15 cm. In einem gut gedüngten Boden entwickelt sich Lauch wunschgemäß. Für Mischkulturen sind Tomaten, Knollensellerie, Zwiebeln und Endivien günstig.

Spargel erfordert eine Extra-Anbaufläche, denn die Ernte erstreckt sich über einen Zeitraum von 15 Jahren. In diesem Monat setzt man Jungpflanzen in vorbereitete Gräben von 30 cm Tiefe, deren Boden gut gedüngt sein muß. Spargelbeete brauchen 150 cm Abstand, die Pflanzen untereinander 40 cm Abstand. Zunächst bedeckt man die Pflanzen nur handhoch mit Erde und

füllt den restlichen Boden im Laufe des Jahres nach. Im dritten Anbaujahr ist die erste Ernte möglich. Vorher muß das heruntergeschnittene Spargelkraut mit einem 40 cm hohen Erdhügel angehäufelt werden. Weniger Arbeitsaufwand erfordert Grünspargel, der zudem mehr Vitamine als der gebleichte Spargel enthält. Die Kultur ist zunächst weitgehend gleich, wobei als Beetabstand schon 100 cm genügen. Vor der Ernte ist jedoch nicht das mühsame Errichten der typischen Spargeldämme erforderlich.

Von den Winterzwiebeln werden die jungen Pflänzchen Anfang April auf 10 cm Abstand vereinzelt; die herausgezogenen, kleinen Zwiebeln sind schon eßbar. Steckzwiebeln für die Sommerernte kommen jetzt in den Boden. Man setzt sie mit knapp 10 cm Abstand 4 cm tief in die Erde.

Späte Möhrensorten für die Lagerung im Winter müssen Ende April ausgesät werden.

Und vergessen Sie bei der Aussaat auch die Blumen nicht! Vor allem Rin-

1 Ringelblumen können ab Mitte April direkt im Freiland ausgesät werden. Die Reihensaat ist empfehlenswert, wenn die Sämlinge noch umgesetzt werden sollen.

2 Auch die Kapuzinerkresse sät man vorzugsweise im Freiland aus. Entweder in Reihen, um sie anschließend umzusetzen, oder direkt an Ort und Stelle, dann jedoch breitwürfig.

3 Tagetes sollte vorgezogen werden, um eine frühere Blüte zu erzielen. Die Aussaat erfolgt in Saatschalen am Zimmerfenster, ausgepflanzt wird ab Mitte Mai.

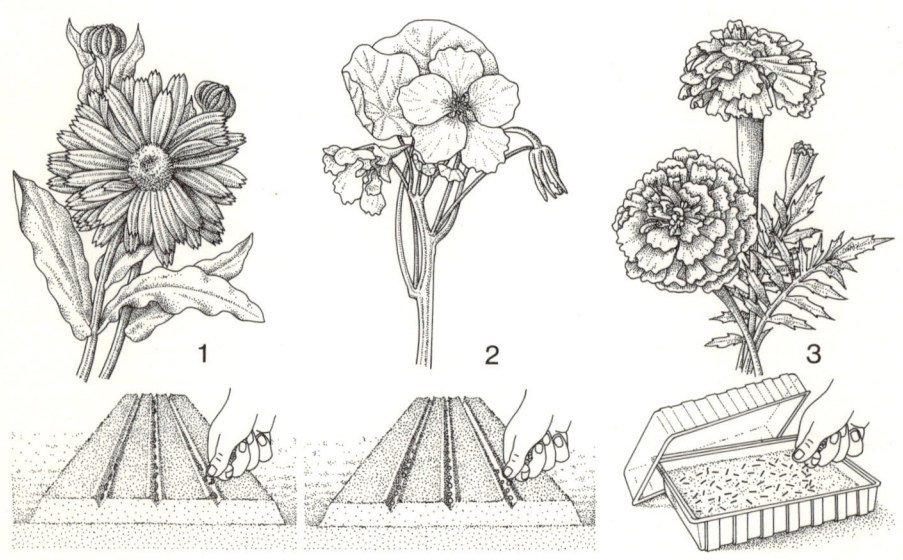

gelblumen sind hervorragende Pflanzen für Beetränder im Gemüsegarten, denn sie verbessern gleichzeitig den Boden. In diesem Monat können sie direkt ins Freiland gesät werden. Kapuzinerkresse sät man Ende April. Tagetes sollten vorgezogen und Anfang des Monats unter Glas gesät werden; sie werden ab Mitte Mai gepflanzt.

Erste Ernten

Früh gesäte Radieschen können ab Ende des Monats bereits im Freiland geerntet werden. Man sollte sie nicht zu lange in der Erde lassen, da sie sonst im Geschmack pelzig werden. Auch beim Spinat sind erste Ernten fällig.

Frühbeetanbau

Im Frühbeet vorgezogene Jungpflanzen von Kohl, Kohlrabi, Salat und Lauch können jetzt in die Beete gesetzt werden. Vorher muß rechtzeitig gelüftet und die Abdeckung schließlich ganz entfernt werden, damit sich die Pflanzen an das Freilandklima gewöhnen. Abhärtung ist vor allem bei den im Zimmer oder Gewächshaus ausgesäten Jungpflanzen erforderlich. Man stellt sie zunächst im Schatten auf und setzt sie möglichst an einem trüben Tag ins Beet. Für die Sommernutzung können im Frühbeet jetzt Kastengurken gesät werden.

Wärmeliebende Pflanzen vorziehen

Auf der Fensterbank oder – falls vorhanden – im Gewächshaus sät man ab Mitte April Gurken, Zucchini, Kürbisse und Zuckermais aus. Da diese Pflanzen frostempfindlich sind, dürfen sie erst nach Mitte Mai ins Freilandbeet. In wärmeren Gegenden kann man jetzt auch Melonen heranziehen, die in der zweiten Maihälfte an einem geschützten Standort ausgepflanzt werden. Die Vorkultur von Tomaten sollte spätestens Anfang April beginnen. Auch für Paprika und Auberginen ist das der letzte Anzuchttermin. Alle genannten Pflanzen brauchen zum Keimen eine Temperatur von mindestens 18 °C.

Kräuter

Allgemeines

Für die meisten Kräuter ist in diesem Monat die günstigste Aussaatzeit. Die im März beschriebene Anzucht von Petersilie, Schnittlauch und Kerbel ist auch jetzt noch möglich. Kräuter benötigen nicht unbedingt eine eigene Anbaufläche, sondern können zumeist auch im Gemüsebeet gesät werden. Für viele Gemüsearten sind sie ausgezeichnete Mischkulturpartner. Zu beachten ist allerdings, daß die meisten Kräuter nur geringe Nährstoffansprüche aufweisen. Wenn nicht anders genannt, ist ein vollsonniger Standort erforderlich. Die im März genannten Kräuter mit Vorkultur können auch in diesem Monat noch unter Glas ausgesät werden.

Dill braucht einen Reihen- und Pflanzabstand von 30 cm. Feuchter Boden wird bevorzugt. Mischkultur mit Kohl, Möhren, Zwiebeln, Gurken, Salat und Roter Bete.

Wegen seiner läuseabwehrenden Wir-

kung wird Dill auch gern als Beetnachbar von Puffbohnen gesät.

<u>Borretsch</u> braucht viel Platz. Als Reihen- und Pflanzabstand sind 50 cm nicht zuviel. Die dekorativen blauen Blüten locken Bienen an – und sind auch eßbar; zusammen mit Salatgerichten lassen sie sich in der Küche prima verwenden. Mischkultur mit Kohl und Kohlrabi.

<u>Kamille</u> ist als Heilkraut altbekannt; verwendet werden vor allem die Blüten. Bei der Aussaat in Reihen ist ein Abstand von 30–40 cm erforderlich; Pflanzabstand 25 cm. Mischkultur mit Kohl, Lauch und Sellerie.

<u>Pfefferminze</u> wächst am besten im lichten Schatten; feuchter Boden ist vorteilhaft. Die Vermehrung erfolgt durch Ausläufer, die im Abstand von 30 cm gesetzt werden. Empfehlenswert ist die Pflanzung am Beetrand, denn die Pfefferminze neigt zum Wuchern. Mischkultur mit Tomaten, Kohl, Salat und Möhren.

<u>Salbei</u> sät man ab Ende April. Reihenabstand 40 cm, Pflanzabstand 30 cm. Die Blätter sind nicht nur in der Küche verwertbar, sondern dienen auch der Schneckenabwehr. Mischkultur mit Bohnen, Erbsen, Kohl, Möhren und Fenchel.

<u>Wermut</u> wird ebenfalls ab Ende April ausgesät. Reihen- und Pflanzabstand 40 cm. Wermut braucht unbedingt einen Extra-Platz im Garten, denn Mischkultur ist nicht zu empfehlen, da die Pflanze auf Beetnachbarn wachstumshemmend wirkt.

<u>Zitronenmelisse</u> duftet intensiv nach Zitronen und lockt Bienen an. Vermehrung durch Aussaat oder Teilung älterer Pflanzen, die im Abstand von 30 cm ge-

setzt werden. Der Boden sollte mit reichlich Kompost versorgt werden.

<u>Beinwell,</u> auch Comfrey genannt, kann zwar auch roh als Salatbeilage gegessen werden, häufiger wird das Kraut für die Herstellung von Pflanzenbrühen und -jauchen verwendet. Die hochwachsende Pflanze benötigt einen Abstand von 100 cm. Mischkultur ist mit allen Pflanzen möglich.

<u>Liebstöckel, Gewürzfenchel, Pimpinelle und Kümmel</u> kann man jetzt ebenfalls aussäen. Von diesen Kräutern werden jedoch gewöhnlich nur kleine Mengen benötigt.

Obst

Pflanzzeit für Nachzügler

Für einige Obstgehölze ist erst jetzt der günstigste Pflanztermin. Das gilt für Quitten- und Walnußbäume sowie für Brombeeren. Auch Weinreben und Kiwis kommen erst Anfang April in die Erde. Der Anbau dieser beiden edlen Fruchtarten ist allerdings nur im Weinbauklima ratsam. In kühleren Gegenden können die Früchte nicht voll ausreifen.

<u>Quitten</u> sind zumeist Selbstbestäuber und stellen an den Gartenboden keine besonderen Ansprüche; als Standort ist auch lichter Schatten geeignet. Die Früchte sind nur gekocht genießbar – das ist auch der Grund dafür, daß Quittenbäume selten gepflanzt werden.

Noch wärmebedürftiger sind <u>Kiwis</u>. Man pflanzt sie am besten an einer schützenden Hauswand. Halt finden sie an einem Spalier oder an gespannten

Drähten. Kiwis sind in der Regel zweihäusig. Für bis zu fünf weibliche Kiwipflanzen ist mindestens eine männliche Befruchterpflanze erforderlich.

Auch für <u>Weinreben</u> ist ein Spalier an einer sonnenbeschienenen Hauswand ein günstiger Standort. Das Pflanzloch wird möglichst breit und tief ausgehoben, damit sich die Wurzeln ungehindert ausbreiten können. Reichliche Kompostgaben sorgen für einen humusreichen Boden. Wenn mehrere Reben gesetzt werden sollen, muß ein Abstand von wenigstens 2 m eingehalten werden.

<u>Brombeeren</u> benötigen gleichfalls viel Platz, sind aber ansonsten recht anspruchslos. Rankende Sorten brauchen einen Abstand von 3 – 4 m, während die aufrechtwachsenden Sorten mit zirka 120 cm Abstand auskommen. Sonnige Lage trägt zur Verbesserung des Aromas bei. Nach dem Einpflanzen schneidet man die Ruten auf 30 cm zurück.

Anfang des Monats können auch noch <u>andere Obstgehölze</u> gesetzt werden. In den Kühlhäusern der Baumschulen wird der Austrieb künstlich zurückgehalten. Bevor man jedoch in Hektik verfällt, sollte man lieber bis zum Herbst warten, denn dann ist für die meisten Obstgehölze ohnehin die günstigere Pflanzzeit.

Zurückhaltung beim Düngen

Obstbäume können auch jetzt noch gedüngt werden. Bei Beerensträuchern kann sich ein solch später Düngetermin jedoch nachteilig auswirken und das Entstehen von Krankheiten fördern. Hier ist eine sanfte Humuszufuhr durch eine gepflegte Mulchdecke günstiger. Die Schere sollte bei Obstgehölzen jetzt nicht mehr angesetzt werden.

Pflanzenschutz im Obstgarten

Blattläuse an Obstbäumen sind in dieser Jahreszeit nichts Ungewöhnliches und kein Grund zur Panik. Man sollte nur rechtzeitig etwas unternehmen, damit sie sich gar nicht erst zu größeren Beständen vermehren. Meistens genügt es schon, sie mit dem Gartenschlauch von den Blättern abzuspritzen. Falls nötig, kann mit sanften, nützlingschonenden Insektiziden oder mit Schmierseifenlösung gespritzt werden. Häufiges Spritzen mit Schachtelhalm-Präparaten trägt zur vorbeugenden Vermeidung von Pilzkrankheiten bei und ist vor allem bei Beerensträuchern eine sinnvolle Maßnahme. Die Bereitung von Spritzbrühen ist im Monat Juni beschrieben (siehe Seite 43).

Als unterstützende Maßnahme gegen Blattlausbefall kann Ende April auf der Baumscheibe von Obstbäumen Kapuzinerkresse ausgesät werden. Sie zieht Blattläuse an, die hier leichter abgewehrt werden können als in den Bäumen. Blutläuse meiden Kapuzinerkresse und werden so von Obstgehölzen abgehalten.

Blütenschäden bei Frost

Frost während der Blütezeit kann den späteren Ernteeintrag beeinträchtigen. Wenn die Blüten noch geschlossen sind, überstehen sie in der Regel Fröste bis −4 °C. Geöffnete Blüten werden ab −2 °C geschädigt. Bei späten Frostein-

brüchen kann man es dem Erwerbs-
gärtner nachmachen und gefährdete
Bäume mit feinem Wasserstrahl ein-
nebeln. Der sich bildende Eispanzer
schützt die Blüten vor dem Erfrieren.
Obstbäume sollten vorbeugend nicht
in Mulden gepflanzt werden, weil hier
stets »Frostlöcher« sind.

Beerensträucher vermehren

Einige Beerensträucher kann man ohne großen Aufwand selbst aus Able-
gern heranziehen. Das gelingt vor allem
bei Johannis-, Stachel-, Josta- und Himbeeren sowie bei Weinreben. Ein kräftiger Vorjahrstrieb wird vorsichtig bis
zum Boden heruntergebogen und in eine Furche gedrückt, die man vorher ge-

Viele Beerensträucher lassen sich auch
durch Absenker vermehren. Dabei erhält
man aber aus jedem »abgesenkten Trieb«
nur eine Jungpflanze.

zogen hat. Der Trieb wird zunächst nicht
mit Erde bedeckt und – falls nötig – mit
einem Stein beschwert oder einer Astgabel festgesteckt. Aus dem Ableger
wachsen neue Triebe heraus, die eigene
Wurzeln bilden und im Frühsommer
leicht angehäufelt werden. Im Herbst
kann man sie einzeln abtrennen und
einpflanzen.

Erdbeeren

Erdbeeren können Anfang des Monats
noch gepflanzt werden – besser wartet
man jedoch bis Juli/August. Ab Ende
April sollte man die Blätter mit Stroh unterlegen, um sie trockenzuhalten und
so vor Mehltau-Befall zu schützen. Dünger dürfen Erdbeeren jetzt nicht mehr
bekommen. Eine eventuelle Folienabdeckung wird während der Blütezeit
entfernt, danach aber wieder aufgelegt,
um Vögel vom Naschen an den Früchten abzuhalten.

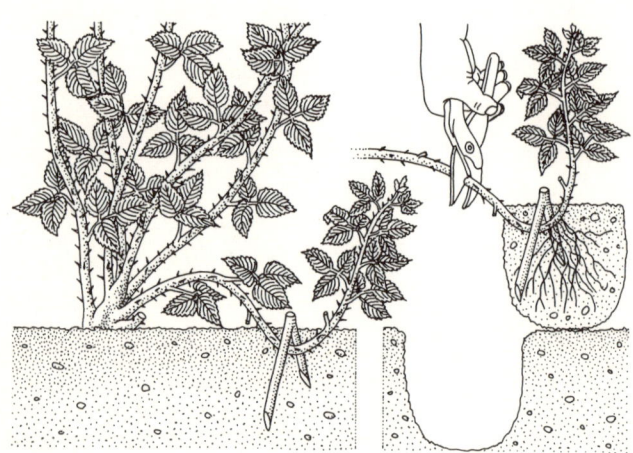

Mai

Allgemeines

Mit den »Eisheiligen« sind die Kalendertage der Heiligen Pankratius, Servatius, Bonifatius und die »Kalte Sophie« in der Monatsmitte gemeint, die häufig einen Kälteeinbruch mit Nachtfrösten bescheren. Wetteraufzeichnungen der Meteorologen bestätigen die Regel, nach der vor diesem Termin keine frostempfindlichen Pflanzen gesetzt werden sollen. Das ist vor allem für die Arbeit im Gemüsegarten von Bedeutung, denn »Edelgemüse« zeigt sich recht kälteempfindlich. Beim Obst sind Spätfröste nur dann gefährlich, wenn sie während der Hauptblütezeit auftreten (siehe April, Seite 31).

Gemüse

Pflanzzeit für »Edelgemüse«

Erst nach den »Eisheiligen« dürfen die wärmeliebenden Pflanzen, die unter Glas vorgezogen wurden, ins Freiland: Tomaten, Gurken, Zucchini, Kürbisse, Sellerie, Neuseeländer Spinat und Zuckermais sowie in geeigneten Lagen Artischocken, Melonen, Paprika und Auberginen. Bei diesen Gemüsearten handelt es sich ausschließlich um Starkzehrer, so daß der Boden schon vor dem Pflanztermin ausreichend mit organischem Dünger und Kompost versorgt werden muß. Dem hohen Wärmebedarf ist durch einen Platz in geschützter Lage Rechnung zu tragen.

Tomaten erhalten einen bevorzugten Platz im Garten; am besten in der Nähe der Hauswand. Tomaten setzt man möglichst tief; bis zu den unteren Blättern, die vor dem Einpflanzen entfernt werden. Wenn sie zudem schräg in die Erde gesetzt werden, bilden sie im unteren Teil zusätzliche Seitenwurzeln aus, die zur besseren Ernährung der Pflanzen beitragen. Eine üppige Versorgung mit Kompost sowie ausreichende Bodenfeuchtigkeit fördern die Entwicklung. Ein 1,50 m hoher, kräftiger Stützstab wird gleich mit in die Erde gesetzt. Von Anfang an müssen Geiztriebe entfernt werden; das sind die aus den Blattachseln wachsenden Triebe. Sie werden in wöchentlichem Abstand mit der Hand ausgebrochen. Der Reihenabstand sollte 100 cm betragen, um die laufende Pflege zu erleichtern. Als Pflanzabstand in der Reihe genügen 60 – 70 cm. Zwischen den Tomatenpflanzen können Sie Salat, Kohl, Knoblauch und Sellerie wachsen lassen. Sie dürfen allerdings nicht zu sehr von den Tomaten beschattet werden.

Gurken sind im Hobbygarten äußerst beliebt. Für die Freilandpflanzung dürfen nur geeignete Sorten verwendet werden. Salatgurken sind im Gewächshaus durchweg besser aufgehoben, während man Einlegegurken überwiegend im Freien anbaut. In kühleren Lagen ist die Kultur unter einem Folientunnel oder im jetzt abgeernteten Frühbeet empfehlenswert. Gurken kann man ab Mitte Mai im Freiland aussäen; die unter Glas vorgezogenen und später im Beet ausgesetzten Pflanzen tragen jedoch früher Früchte. Reichliche Kompostgaben und üppige Düngung sowie nicht zu knappes regelmäßiges Wässern sind auch bei den Gurken erforderlich. Wenn die Früchte »stecken-

bleiben« und vorzeitig abfallen, ist meistens Nährstoffmangel schuld. Gurken, die am Boden wachsen, brauchen mindestens 1 m² Beetfläche. An einem Spalier ist der Platzbedarf geringer. Geeignete Mischkulturpartner sind Salat, Bohnen und Kohl.

Zucchini sind längst kein Geheimtip mehr. Nährstoffansprüche und Wasserbedarf wie bei Gurken. Zucchini haben einen beachtlichen Platzbedarf; mindestens 1 m² sollte man jeder Pflanze zugestehen.

Kürbisse werden bevorzugt auf den Komposthaufen gesetzt. Das ist falsch, denn hier entziehen sie dem Kompost Nährstoffe. Besser setzt man die Kürbis-Jungpflanzen an den Fuß des Komposthaufens, wo sie von den Sickersäften profitieren, ohne negativ auf die Kompostqualität einzuwirken. Die Triebe dürfen ruhig über den Kompost wachsen und so für eine willkommene Beschattung sorgen.

Paprika ist auf ein mildes Klima und einen geschützten Standort angewiesen, damit Früchte heranreifen; Unterglas-Kultur gelingt dagegen mit Sicherheit. Die im März vorgezogenen Jungpflanzen setzt man mit 50–60 cm Abstand ins Beet. Die Nährstoffansprüche sind hoch. Mischkultur wird nicht empfohlen.

Auberginen werden wie Paprika angebaut; gleichfalls vorzugsweise unter Glas. Der Pflanzabstand wird etwas größer gewählt, und später ist ein 1 m hoher Stützstab nötig.

Artischocken zählen ebenfalls zu den wärmebedürftigen Gemüsearten. Sie wachsen am besten an einem geschützten Platz im Freiland. Die frühzeitig vorkultivierten Jungpflanzen setzt man in 1 m Abstand. Bei großzügiger Düngung kann mehrere Jahre lang geerntet werden. Da Artischocken sehr frostempfindlich sind, ist ein Winterschutz oder sogar das Überwintern im Keller notwendig.

Zuckermais kann für den Anbau im Garten uneingeschränkt empfohlen werden, denn die reifen Maiskolben schmecken angenehm süß und können roh verzehrt werden. Damit sie bis zum Herbst ausreifen, zieht man Zuckermaispflanzen vor – das kann auch noch Anfang Mai sein – und setzt sie Ende des Monats mit 70 cm Reihen- und 20 cm Pflanzabstand ins Beet. Aber auch Direktsaat Mitte Mai ist möglich. Der Düngerbedarf ist sehr hoch. Mischkulturpartner sind Bohnen, Salat, Tomaten oder Frühkartoffeln.

Knollensellerie ist frostempfindlich und darf daher erst nach Mitte Mai gepflanzt werden. Wichtig ist ein gut gedüngter Boden, der nicht austrocknen darf. Der Reihen- und Pflanzabstand beträgt je nach Sorte 40–50 cm. Mischkulturpartner sind Erbsen, Bohnen, Kohl, Tomaten, Salat, Möhren und Zwiebeln.

Seite 35:
Paprika ist auf mildes Klima und einen geschützten Standort angewiesen. Auf schwarzer Mulchfolie wächst sie daher auch besonders gut (siehe Text links).

Seite 36:
Rote Johannisbeeren kann man im Juli genießen (siehe Seite 50).

Seite 37:
Salat in Variationen: hier der dekorative und schmackhafte Frisée-Salat (siehe Seite 44).

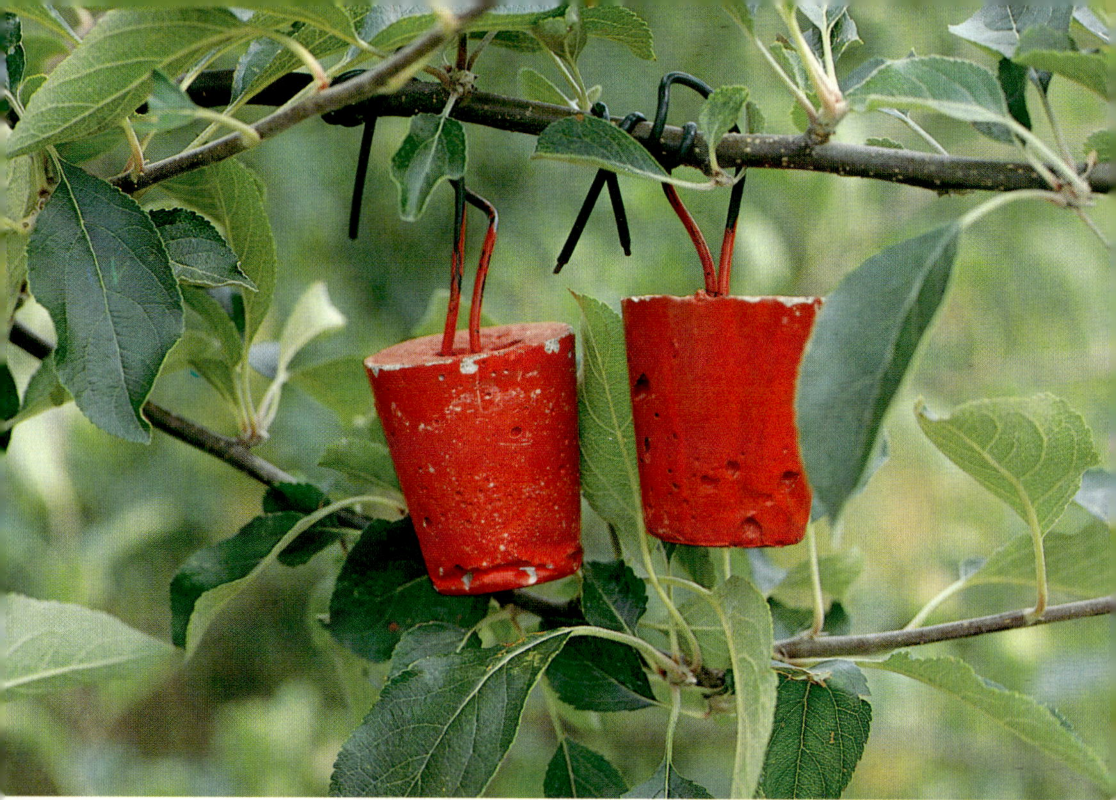
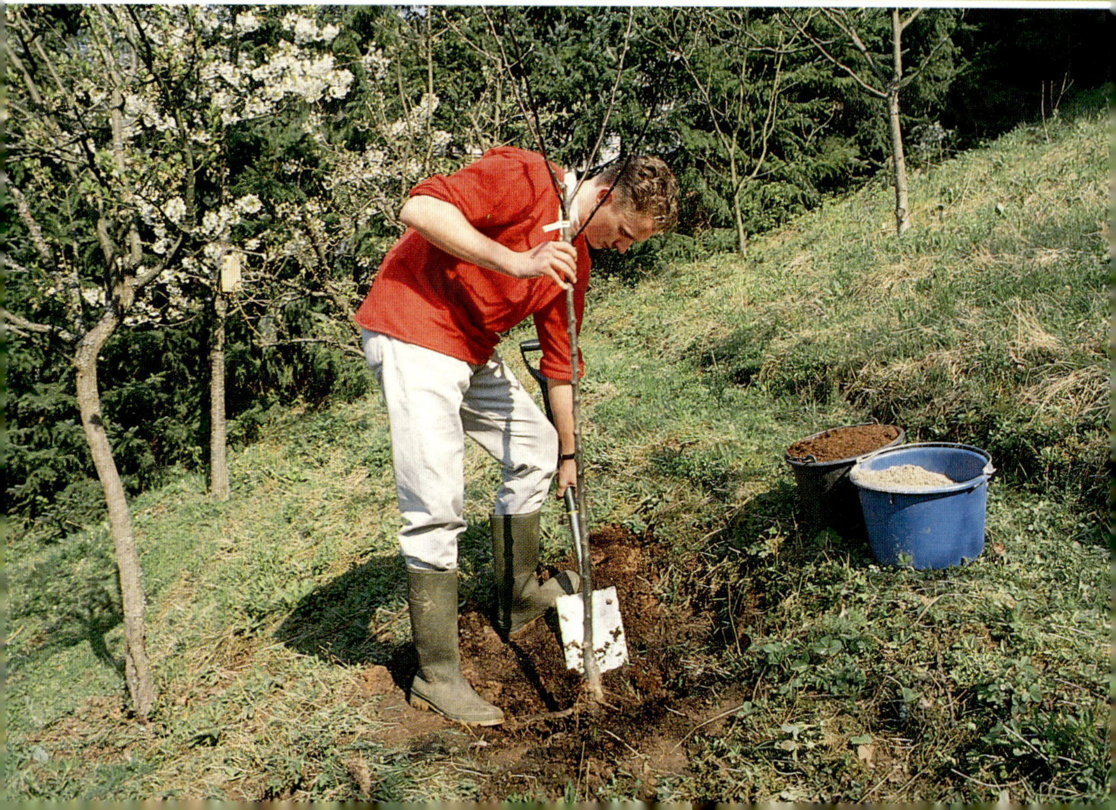

Neuseeländer Spinat setzt man nach den »Eisheiligen« als vorgezogene Jungpflanzen ins Beet; Abstand 50–60 cm. Grundsätzlich ist aber auch Direktsaat Mitte Mai möglich. Man legt jeweils drei Samenkörner 1 cm tief in die Erde und läßt später nur die kräftigste Pflanze wachsen. Humusreicher Boden bei mäßiger Düngung wird bevorzugt. Mehrfaches Kappen der Spitzen sorgt für einen breiteren Wuchs.

Weitere Aussaaten

Bohnen sind äußerst kälteempfindlich. Man sät sie daher nicht vor dem 10. Mai oder zieht sie zunächst in Töpfen vor, um sie in der zweiten Maihälfte auszupflanzen. Buschbohnen sind früher erntereif als Stangenbohnen, die hingegen einen höheren Ertrag bieten. Außerdem werden Feuerbohnen angeboten, die es als Stangenbohnen und neuerdings auch als niedrigwachsende Sorten gibt. Die Sortenvielfalt bei Bohnen ist riesig und umfaßt neben den üblichen grünhülsigen auch gelbe und solche mit blauen Hülsen, die sich beim Kochen grün färben. Roh dürfen Bohnen nicht verzehrt werden. Buschbohnen legt man 2–3 cm tief in

Reihen mit 40–50 cm Abstand und vereinzelt sie später auf einen Pflanzabstand von 10 cm.
Stangenbohnen legt man am Fuß der Stangen zu je 5–8 Stück aus. Hohe Stickstoff-Düngergaben sind nicht nötig, denn Bohnen produzieren mit Hilfe von Knöllchenbakterien – ähnlich wie Erbsen – an ihren Wurzeln Stickstoff und düngen so den Boden. Für die Mischkultur kommen zahlreiche Gemüsearten in Frage: Gurken, Kartoffeln, Kohl, Kohlrabi, Salat, Sellerie und andere; von den Kräutern Dill und vor allem Bohnenkraut, das von den Bohnen Läuse abhält.

Stangenbohnen werden gewöhnlich in Horsten gesät – jeweils sechs bis acht Stück, so daß die Pflanzen später zusammenwachsen.

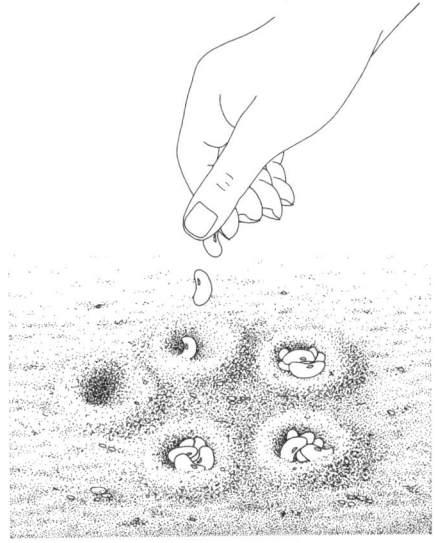

Oben: In die Zweige der Obstbäume hängt man Gewichte, um sie waagerecht zu biegen. Dadurch wird der Baum veranlaßt, hier vermehrt Knospen für Früchte anzulegen (siehe Seite 13).
Unten: Für einige Obstgehölze, z. B. für Quitten- und Walnußbäume, ist das Frühjahr der günstigste Pflanztermin. Die meisten Obstarten pflanzt man allerdings besser im Herbst (siehe Seite 66).

Knollenfenchel ist zwar recht wärmebedürftig, aber dennoch für den Anbau im heimischen Klima geeignet. Die genaue Aussaatzeit richtet sich nach der Sorte. Gesät wird in Reihen mit 40–50 cm Abstand; Pflanzabstand 25 cm. Die besten Bedingungen bietet ein Sandboden mit nicht zu geringem Kalkgehalt, wobei auf ausreichende Feuchtigkeit zu achten ist. Mischkulturpartner sind Chicorée, Endivien, Erbsen, Gurken und Salat.

Chicorée sät man ab Mitte Mai aus. Die Saattiefe beträgt 2–3 cm, der Reihenabstand 30 cm. Die Sämlinge werden auf 20 cm Abstand ausgedünnt. In einem mageren, nicht zu trockenen Boden wächst die Pflanze am besten. Mischkultur mit Möhren, Zwiebeln oder Knollenfenchel ist möglich. (Antreiben der Chicorée-Wurzeln siehe Oktober, Seite 65).

Eissalat ist, wenngleich die Bezeichnung das nicht vermuten läßt, ein typischer Sommersalat. Anbau, Bodenansprüche und Mischkultur entsprechen denen von Kopfsalat, nur müssen die Abstände größer sein; 30–40 cm Entfernung voneinander brauchen die großen Köpfe.

Grünkohl wird erst jetzt gesät – meistens auf einem Extrabeet, das auch im Halbschatten liegen darf. Erst Anfang Juli, wenn einzelne Beetflächen bereits abgeerntet sind, setzt man die Jungpflanzen an ihren endgültigen Standort. Wie bei allen Kohlarten ist ein mit reichlich Kompost und nicht zu knapper organischer Düngung versorgter Boden nötig, außerdem gleichmäßige Bodenfeuchtigkeit, ansonsten ist Grünkohl aber recht anspruchslos.

Ernte und Folgesaaten

Salat kann jetzt laufend geerntet werden. Pflücksalat bietet mehrere Ernten, wenn nur die äußeren Blätter abgeschnitten werden. Er wird ebenso wie Kopfsalat in Folgesätzen weiter ausgesät, wobei jetzt nur noch Sommersorten Verwendung finden.

Kohlrabi sollte man nicht zu lange im Beet belassen, weil er sonst leicht holzig wird. Folgesaaten sind noch bis Anfang Juli möglich. Dasselbe gilt für Radieschen, die mit zunehmender Wärme besonders rasch wachsen.

Vom Rettich sind erste Ernten Ende Mai möglich; Sommerrettich kann auch jetzt noch gesät werden.

Von den Kohlarten können Blumenkohl und Brokkoli noch gesät werden. Weiß-, Rot-, Rosenkohl und Wirsing setzt man in diesem Monat als Jungpflanzen. Aussaatzeit ist in diesem Monat außerdem für Möhren, Rote Bete, Schwarzwurzeln und Mangold.

Pflege der Beete

Wie im Vormonat ist das regelmäßige Hacken zwischen den Gemüsereihen unerläßlich, damit keimende Unkräuter keine Chance bekommen.

Zum Mulchen steht jetzt auch reichlich Grasschnitt vom Rasenmähen zur Verfügung. Das Material muß aber zunächst einige Tage antrocknen, ehe es zur Bodenbedeckung verwendet wird, denn frischer Grasschnitt lockt Schnecken an. Für alle Gemüsearten, u. a. für die Starkzehrer, ist weiterhin die Versorgung mit Kompost wichtig, der an einem regnerischen Tag oder zumindest

bei bedecktem Himmel zwischen den Gemüsereihen verteilt werden sollte. Auch eine flüssige Düngung, z. B. mit verdünnter Brennesseljauche, ist möglich.

Kräuter

Die im Frühjahr unter Glas vorgezogenen, wärmebedürftigen Kräuter können in der zweiten Maihälfte ausgepflanzt werden. In Gärtnereien und auf dem Markt werden jetzt auch Jungpflanzen angeboten.

Pflanzabstände: Baldrian 40x40 cm; Basilikum 25x25 cm; Estragon 30x40 cm; Lavendel 40x35 cm; Majoran 20x20 cm; Salbei 40x30 cm; Thymian 20x20 cm; Wermut 40x40 cm; Zitronenmelisse 30x30 cm. Für Mischkulturen sind von diesen Kräutern besonders geeignet: Basilikum mit Gurken oder Tomaten; Majoran mit Zwiebeln; Salbei mit Bohnen; Fenchel mit Kohl oder Möhren. Direktsaat im Beet ist in diesem Monat bei Bohnenkraut (Abstand 20x25 cm), Borretsch (50x50 cm) sowie bei Majoran, Salbei, Thymian, Wermut und Zitronenmelisse möglich.

Obst

Spritzen – ja oder nein?

Im Obstgarten brechen jetzt ruhigere Zeiten an – das gilt jedenfalls für den naturgemäßen Anbau. Wer die überholte Methode des Spritzens nach Kalender immer noch praktiziert, ist jetzt dauernd mit dem Sprühgerät im Einsatz.

Gespritzt wird auch das »Bio«-Obst; aber viel seltener und in der Hauptsache mit Pflegemitteln, die die natürliche Widerstandskraft der Obstgehölze stärken und so die Ausbreitung von Pilzkrankheiten verhindern. Auch Schädlingsbefall läßt sich auf diese Weise von vornherein vermindern (siehe auch »Allgemeines« im Juni, Seite 43).

Wurzelbereich pflegen

Unterstützt werden die vorher genannten Maßnahmen durch eine sorgfältige Bodenbearbeitung im Wurzelbereich.

Kapuzinerkresse auf der Baumscheibe lockt Blattläuse an und hält sie so von den Obstbäumen ab; Blutläuse sollen gänzlich vertrieben werden.

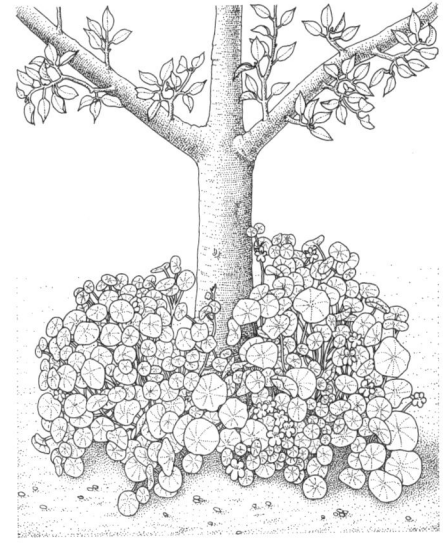

Dazu zählt das regelmäßige Lockern der Bodenoberfläche und Verteilen von Kompost auf den Baumscheiben von Obstbäumen. Die Baumscheibe, also der Bereich, unter dem sich die Wurzeln ausbreiten, entspricht bei den Obstbäumen dem Kronenumfang. Dieser Fläche sollte man besondere Aufmerksamkeit widmen. Da sich die Wurzeln der Obstgehölze auch recht flach ausbreiten, kommt ihnen eine Humusversorgung in Form von Kompost und einer Mulchdecke direkt zugute. Die Mulchschicht sollte 5 – 10 cm dick sein und wird laufend durch angetrockneten Grasschnitt oder frische Gartenabfälle (aber keine kranken Pflanzenteile) ergänzt. Auch beim Düngen sollte stets die gesamte Baumscheibe bedacht werden; nicht nur die Fläche unmittelbar am Stamm. Anstelle einer Mulchschicht kann zur Bedeckung der Baumscheibe auch jetzt noch Kapuzinerkresse gesät werden.

Bei den Beerensträuchern ist die Pflege des Wurzelbereichs noch wichtiger. Die Mulchschicht hält die Bodenfeuchtigkeit, verhindert das Keimen konkurrierender Unkräuter und trägt generell zur Gesunderhaltung der Sträucher bei. Mit Kompost wird für eine kontinuierliche Humuszufuhr gesorgt. Das Lockern des Bodens darf hier nur in der obersten Schicht erfolgen, um eine Verletzung der Wurzeln zu vermeiden.

Düngen und wässern

In der zweiten Maihälfte kann eine Nachdüngung erfolgen. Achten Sie beim Abmessen der Düngergabe darauf, daß die auf der Packung angegebene Gesamtmenge für das ganze Jahr nicht überschritten wird. Zu berücksichtigen ist auch, daß der Boden bei regelmäßiger Kompostanwendung bereits einen Teil der Nährstoffe erhalten hat, so daß die Düngermenge in der Regel reduziert werden kann oder überhaupt keine Nachdüngung nötig ist. Beerensträucher können nach der Blüte ebenfalls eine Nachdüngung erhalten. Wenn sie regelmäßig mit Kompost versorgt und gemulcht werden, ist diese Düngergabe entbehrlich.

In längeren Perioden ohne Niederschlag brauchen nicht nur junge Obstgehölze zusätzliche Bewässerung. Unregelmäßige Wasserversorgung kann zur späteren Beeinträchtigung der Fruchtqualität führen. Nach zwei Wochen ohne Regen muß der Gartenschlauch her; 20 – 30 Liter Wasser pro m^2 sind nicht zuviel. Gehölze in sandigen Böden bekommen mehr Wasser als solche in lehmiger Erde.

Pflege der Erdbeerbeete

Das Mulchen des Bodens ist auch bei Erdbeeren eine wichtige Maßnahme zur Verbesserung der Anbaubedingungen und zum Schutz der Früchte vor Verschmutzungen. Stroh ist hier als Mulchmaterial besser geeignet als frische Gartenabfälle. Beim Wässern achtet man darauf, daß die Blätter möglichst nicht benetzt werden, um dem Mehltau keine Chance zu geben. Ausläufer werden abgeschnitten, sofern man sie nicht für die Eigenvermehrung im Sommer benötigt.

Juni

Allgemeines

Pflanzen auf sanfte Art schützen

Die Ausbreitung von Schädlingen und Krankheiten wird durch die Auswahl robuster, standortgerechter Sorten und sorgfältige Pflanzenpflege von vornherein vermindert. Schonende Bodenbearbeitung, ausgewogene Düngung und reichliche Humuszufuhr durch Mulchen und Verteilen von Kompost sorgen für optimale Wachstumsbedingungen. Zusammengenommen ergibt das beste Voraussetzungen für die Entwicklung kräftiger Pflanzen, die sich als recht widerstandsfähig gegen Schädlings- und Krankheitsbefall erweisen.

Dennoch kann es notwendig sein, bei vermehrtem Auftreten von Schädlingen zusätzliche Maßnahmen zu ergreifen. Zur Anwendung kommen natürliche Mittel zur Pflanzenstärkung und vorbeugenden Abwehr von Pilzkrankheiten sowie sanfte, als nützlingsschonend gekennzeichnete Präparate zur Schädlingsabwehr.

Kräuterbrühen selbst herstellen

Aus Acker-Schachtelhalm, Brennessel, Beinwell, Wermut, Rain- oder Adlerfarn kann man selbst Kräuterbrühen bereiten. 500–1000 g frische Blätter 24 Stunden lang in 10 Liter Wasser (möglichst Regenwasser) ziehen lassen, danach 1 Stunde lang schwach kochen. Nach dem Abkühlen siebt man die Brühe durch und verdünnt sie mit der 4- bis 5fachen Menge Wasser. Brennessel-, Adlerfarn- und Beinwellbrühe wirken generell pflanzenstärkend, Schachtelhalmbrühe wird vorbeugend gegen Pilzerkrankungen eingesetzt. Mit Brühen aus Rainfarn und Wermut können verschiedene Schadinsekten direkt abgewehrt werden; sie sollten aber nicht zu häufig verwendet werden, da sie auch das Bodenleben beeinträchtigen. Zur Dezimierung von Blattläusen wird vorwiegend ein Kaltwasserauszug von Brennesseln gesprüht. 1 kg junge Blätter von einem sonnigen Standort läßt man 24 Stunden (nicht länger) in 10 Liter Wasser ziehen und spritzt unverdünnt befallene Pflanzenteile.

Kräuterauszüge zeigen eine sanfte Wirkung, deren Erfolg sich erst bei wiederholter Anwendung einstellt.

Ein Kilo frische Brennesselblätter auf 10 l Wasser – das ergibt nach 12–24 Stunden eine Brühe zur Abwehr von Blattläusen oder, nach einwöchigem Gären bei warmer Witterung, einen stickstoffreichen Dünger.

Weitere Maßnahmen zur Schädlingsabwehr

Zum sogenannten bio-mechanischen Pflanzenschutz zählen zum Beispiel einfache Maßnahmen wie das Abspülen der Blattläuse von befallenen Pflanzenteilen mit einem kräftigen Wasserstrahl oder das Absammeln von Raupen und Schnecken. Äußerst wirkungsvoll sind Insektenschutznetze, mit denen man Gemüsefliegen von den Beeten abhält. Leimringe und Kirschfliegen- und Lockstofffallen sind im Obstbau nützliche Mittel zur Schädlingsabwehr.

Gemüse

Pflegearbeiten

Auf abgeernteten Beeten sollte stets gleich wieder ausgesät werden, damit die Erde nicht zu lange unbedeckt bleibt. Das Hacken der Bodenoberfläche zwischen den Gemüsereihen zur Verringerung der Verdunstung zählt weiterhin zu den regelmäßigen Arbeiten. In Trockenperioden muß zusätzlich gewässert werden, denn gleichmäßige Bodenfeuchtigkeit ist für ein kontinuierliches Wachstum besonders wichtig. Die laufende Ergänzung der Mulchschicht trägt zur Erhaltung der Bodenfeuchtigkeit bei. Für Starkzehrer ist, falls im Mai noch nicht geschehen, jetzt eine Nachdüngung fällig.
Im Mai gesäte Bohnen werden angehäufelt, bevor sich die Reihen schließen. Auch Kartoffeln häufelt man an. Die heranwachsenden Knollen müssen stets mit Erde bedeckt sein.

Aussaat und Pflanzung

Die Aussaat wird in diesem Monat fortgesetzt. Bei der Sommeraussaat ist darauf zu achten, daß nur Sorten verwendet werden, die für den Anbau in der warmen Jahreszeit geeignet sind. Bis Mitte Juni können noch Bohnen gesät werden. Ein späterer Termin ist nicht ratsam, denn dann nimmt der Ertrag spürbar ab.

Salat in Variationen: Die Aussaat von Kopfsalat bereitet im Sommer manchmal Probleme, weil die Samen bei einer Temperatur über 20 °C nicht mehr keimen. Das Beet sollte deshalb vor dem Säen gut gewässert werden; anschließend deckt man die Saatreihen mit Zeitungen oder feuchten Säcken ab, um sie bis zum Keimen kühler zu halten. Eissalat und Pflücksalat können den ganzen Monat über gesät werden.
Endiviensalat wird gewöhnlich zwischen Mitte Juni und Mitte Juli gesät, damit er im Herbst erntereif ist. Der Reihen- und Pflanzabstand beträgt 30 cm. Dieselben Aussaattermine und Abstände gelten für Radicchio.
Radieschen wachsen im Sommer besonders schnell. Bei günstiger Witterung dauert es von der Aussaat bis zur Ernte nur knapp vier Wochen. Für Sommeraussaaten ist ausnahmsweise auch ein halbschattiger Standort geeignet. In voller Sonne muß unbedingt für ausreichende Bewässerung gesorgt werden.
Sommerrettich kann man noch bis Ende Juni säen. Für Winterrettich liegt die günstigste Aussaatzeit zwischen Mitte Juni und Mitte August. Zur Vermeidung von Mehltaubefall ist ein Pflanzabstand

von 20 cm (Reihenabstand 30 cm) nötig. Im Frühjahr gesäter Rettich ist jetzt erntereif. Als Nachkultur sind Bohnen oder Sellerie günstig.

Sellerie-Jungpflanzen sollten bis Mitte des Monats in die Erde kommen. Man setzt sie möglichst hoch, um die Knollenbildung zu fördern.

Rote Bete darf nicht zu lange im Beet bleiben. Die Knollen sind am zartesten, wenn sie bei einem Durchmesser von nur 6 cm geerntet werden. Folgesaaten von Roter Bete können noch bis zum nächsten Monat vorgenommen werden.

Bei Möhren ist Anfang Juni letzte Gelegenheit zur Aussaat geeigneter Sorten.

Kohlrabi und Kohl: Kohlrabi kann man noch bis Mitte Juli säen. Das Setzen von Jungpflanzen ist sogar noch bis Mitte August möglich. Bis Mitte Juni können noch Jungpflanzen von Weiß-, Rot-, Rosen- und Blumenkohl gesetzt werden. Für Brokkoli ist bis Ende des Monats Pflanzzeit. Geeignete Brokkolisorten können auch jetzt noch ausgesät werden.

Edler Knollenfenchel: Beim Knollenfenchel hängt die Aussaatzeit entscheidend von der Sorte ab. Späte Sorten dürfen nicht vor Mitte Juni gesät werden, weil sonst die Gefahr des Schossens besteht. Sofern die Knollen nicht durch das Laub beschattet werden, häufelt man leicht an, damit sie schön weiß bleiben.

Wärmeliebende Gemüsearten

Tomaten können noch Anfang Juni gesetzt werden. In kühlen Gegenden ist ein später Pflanztermin ohnehin vorteilhafter. Wenn die Möglichkeit besteht, setzt man Tomaten unter ein mit Folie bespanntes Gerüst. Sie wachsen deutlich besser, wenn sie ein Dach »über dem Kopf« haben und so vor Regen geschützt sind.

Gurken sollten in ungünstigen Lagen ebenfalls erst zu Beginn dieses Monats gesetzt werden, falls man nicht das Frühbeet als Standort vorzieht. Einlegegurken kann man in den ersten Junitagen immer noch aussäen. Rechtzeitige

Zuckermais braucht viel Wärme und ist vor einer schützenden Wand gut aufgehoben. Die Sämlinge müssen früh gesetzt werden, da sie sich sonst schlecht umpflanzen lassen; Pflanzabstand 25–30 cm (s. S. 46).

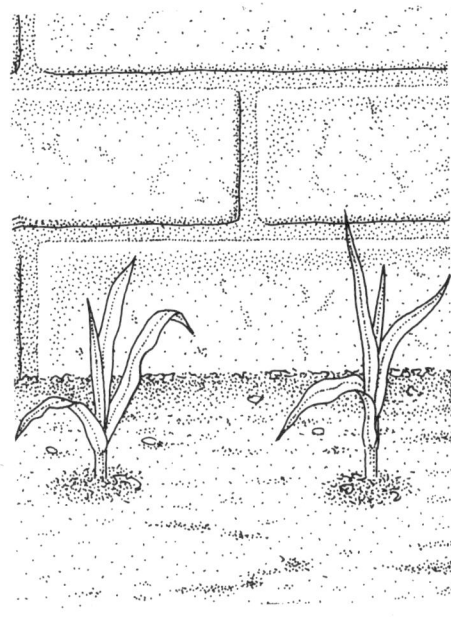

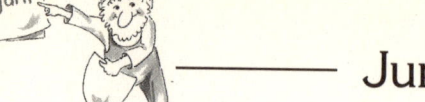
Nachdüngung, auch mit Brennessel-jauche, ist bei Gurken besonders wichtig, und von Anfang an muß auf ausreichende Wasserversorgung – möglichst mit abgestandenem Wasser – geachtet werden.

Für Zucchini gilt ähnliches wie für die Gurken, denn sie zählen gleichfalls zu den »Düngerfressern«. Heranwachsende Früchte sollte man mit Stroh oder Pappe unterlegen.

Auch Artischocken vertragen einen späten Pflanztermin Anfang Juni besser, als wenn man sie zu früh setzt. Reichliche Wassergaben und nicht zu knappe Düngung fördern die Entwicklung der Pflanze. Mit einer Ernte ist bei später Pflanzung erst vom zweiten Jahr an zu rechnen.

Für die Direktsaat von Zuckermais ist es jetzt zu spät. Die vorgezogenen Setzlinge werden in gut gedüngten Boden gesetzt. Ein geschützter Standort ist Voraussetzung für das erhoffte Ernteergebnis (s. Zeichnung S. 45).

Ernteschluß für Spargel und Rhabarber

Die Erntezeit von Spargel geht im Laufe des Monats zu Ende. Danach bekommt er noch einmal Dünger, damit er Kraft für die Ernte im nächsten Jahr sammelt.

Beim Rhabarber ist Mitte Juni Schluß mit der diesjährigen Ernte. Grundsätzlich sollte mindestens ein Drittel der Stengel stehenbleiben, damit noch genügend Blätter zur Photosynthese bleiben. Ende Juni versorgt man das Rhabarberbeet dann noch einmal mit Dünger.

Kräuter

Dill sät man in diesem Monat wieder neu aus. Von den früheren Aussaaten läßt man einige Pflanzen stehen und zum Blühen kommen. Die großen Blütenstände sind nicht nur attraktiv, sondern locken auch Schlupfwespen an. Deren Larven sind fleißige Helfer bei der Schädlingsabwehr im Garten, z.B. von »Weißen Fliegen« oder Mottenschildläusen. Eine ähnlich positive Wirkung zeigen auch andere Doldengewächse wie Kerbel, Petersilie und Gewürzfenchel.

Borretsch läßt man ebenfalls in einigen Exemplaren aufblühen. Nicht nur wegen der dekorativen Blüten, sondern auch zum Ausreifen der Samen, denn die Pflanze vermehrt sich auf diese Weise leicht von selbst.

Bohnenkraut wird noch einmal zur Blütezeit der Bohnen ausgesät. Auf diese Weise können Sie das Gewürzkraut termingerecht abschneiden, wenn auch die Bohnen erntereif sind.

Schnittlauch sollte man möglichst häufig schneiden, dann treibt er um so mehr nach. Die jungen Blätter sind am zartesten.

Kerbel sät man jetzt wieder nach, denn junge Blätter sind für die Küche am besten geeignet.

Von Rosmarin, Thymian und Bohnenkraut kann man durch Stecklinge neue Pflanzen heranziehen. Kräftige Triebspitzen von 3–5 cm Länge werden abgeschnitten, die unteren Blätter entfernt und die Stecklinge auf einem Beet im Halbschatten in die Erde gedrückt. Das Abdecken mit Folie sorgt für bessere Bewurzelung.

Juni

Obst

Wasserschosse und Wurzel-schößlinge früh entfernen

Bei den Obstbäumen sollte man schon jetzt steil aufragende Wasserschosse entfernen. Der Eingriff schadet dem Baum nicht, verhindert aber, daß für diese Triebe unnötig Kraft verschwendet wird. Auch Wurzelschößlinge, die aus der Unterlage austreiben, müssen weg. Damit sie nicht nachtreiben, werden sie nicht geschnitten, sondern ausgerissen.

Wasserschosse (1), die senkrecht aus den Ästen austreiben, sollten schon im ersten Jahr entfernt werden. Auch die aus der Unterlage austreibenden Wurzelschößlinge (2) müssen rechtzeitig ausgerissen werden.

Erste Ernten, Pflegemaßnahmen

Ab Ende Juni können Sie von frühen Obstsorten schon die ersten Ernten einbringen. Bei den Obstbäumen sind Kirschen als erste an der Reihe. Damit sie nicht von den Maden der Kirschfruchtfliege befallen werden, hängt man gelbe Fangfallen in die Bäume, sobald sich die ersten Früchte gelb verfärben. Durch Überspannen mit Netzen kann man sich vor den naschhaften Vögeln schützen.

Vom Beerenobst sind Ende Juni frühe Sorten der Himbeeren, Johannisbeeren und Stachelbeeren reif zum Ernten. Himbeeren entwickeln das beste Aroma, wenn sie voll ausgereift sind; man sollte sie alle paar Tage durchpflücken. Stachelbeeren darf man nicht zu lange am Strauch lassen, denn sonst platzen die Früchte auf.

Als Pflegemaßnahme bei den Beerensträuchern ist immer noch das Mulchen, z. B. mit Rasenschnitt, am wichtigsten.

Erdbeerernte

Noch vor den Kirschen und dem ersten Beerenobst sind Erdbeeren erntereif.

Die ertragreichsten Erdbeerpflanzen sollte man kennzeichnen, indem man daneben Holzstäbe in die Erde steckt. Von diesen Pflanzen entfernt man die Ausläufer nicht, sondern verwendet sie im nächsten Monat, um sie auf einem Extrabeet, das gut mit reifem Kompost versorgt sein sollte, bewurzeln zu lassen. Von den übrigen Erdbeerpflanzen schneidet man spätestens nach der Ernte die Ableger ab.

Allgemeines

Bewässerung

In Trockenzeiten ausgiebig wässern
Das Wässern der Beete ist gerade in den Sommermonaten für die Pflanzen lebensnotwendig. In den Monaten Juni, Juli und August weisen sie den höchsten Wasserbedarf auf, und der wird in dieser Zeit selten vom natürlichen Niederschlag gedeckt.
Gleichmäßige Bodenfeuchtigkeit bietet Gewähr für optimales Wachstum. Das

Tomaten reagieren besonders empfindlich auf nasses Laub: Deshalb beim Gießen möglichst nur den Boden wässern und die Blätter trocken lassen. Mit beginnender Fruchtbildung ist der Wasserbedarf besonders hoch.

bedeutet allerdings nicht, daß bei sonnigem Wetter täglich gegossen werden muß. Wenn schon wässern, dann aber richtig, so lautet die alte Praxisregel. Den Pflanzen nützt es wenig, wenn nur die oberste Bodenschicht benetzt wird. Ausgiebiges Wässern bewirkt, daß auch die tieferen Bodenschichten gründlich durchfeuchtet werden. Wenn dann in der Sommerhitze die Oberfläche trocken wird, sind die Pflanzen gezwungen, ihre Wurzeln in tiefere Regionen zu strecken, um das lebenswichtige Naß zu erreichen.

Wann Gemüse am durstigsten ist
Der Wasserbedarf ist bei den einzelnen Gemüsearten unterschiedlich. Am höchsten ist er in folgenden Entwicklungsstadien: Gurken und Tomaten – mit beginnender Fruchtbildung; Kohl – während der Kopfbildung; Kartoffeln – ab Blütenbeginn; Bohnen – während der Hauptblüte und bei beginnender Fruchtbildung; Kohlrabi – mit Beginn des Knollenansatzes; Sellerie – nach dem Auspflanzen bis zum Schließen der Reihen; Salat – während der Kopfbildung; Zwiebeln – nur zu Beginn der Zwiebelbildung.

Nicht in der Mittagshitze wässern
Für den Ernteerfolg spielt nicht nur die Menge, sondern auch die Art der Bewässerung eine nicht zu unterschätzende Rolle. Wässern am frühen Morgen ist im Hobbygarten der beste Kompromiß. Am günstigsten ist die Zeit vor Sonnenaufgang; als Ergänzung der natürlichen Taubildung sozusagen; aber das läßt sich in der Praxis kaum realisieren. Keinesfalls sollte bei praller Mittagssonne

gegossen werden. Auch auf den Wasserverbrauch wirkt sich der frühe Zeitpunkt günstig aus: Der Boden ist noch kühl, so daß weniger Wasser ungenutzt verdunstet.

Einmal hacken spart zweimal gießen – die alte Regel gilt noch immer. Durch das Lockern der oberen Bodenschicht werden die feinen Kapillarröhrchen im Boden, die das Wasser nach oben transportieren, unterbrochen. Dadurch verdunstet weniger Wasser, und die Erde bleibt länger feucht (siehe August, Seite 52).

Gemüse

Allgemeine Pflegearbeiten

Die Hauptarbeit auf den Beeten ist jetzt geschafft. Was bleibt, sind Folgesaaten auf den Flächen, die bereits abgeerntet sind. Das regelmäßige Hacken entfällt, sobald die Gemüsereihen geschlossen sind. Auch das Mulchen ist dann nicht mehr nötig, denn die Blätter sorgen für einen ausreichenden Schutz der Bodenoberfläche.

Aussaat, Pflanzung, Pflege, Ernte

Salat braucht man immer, deshalb sollten noch weitere, kleine Sätze Kopf- und Pflücksalat gesät werden. Eissalat und Endivien sollte bis Mitte des Monats gesät sein. Spätere Endivien-Aussaaten kann man direkt im Frühbeet vornehmen, um im Herbst länger ernten zu können.

Für Neuseeländer Spinat ist Mitte Juli letzte Gelegenheit zum Säen.

Kohl: Die Zeit zwischen Mitte Juli und Anfang August ist für die Aussaat von Chinakohl ideal. Reihen- und Pflanzabstand jeweils 30 cm. Wie bei allen Kohlarten ist ein gut gedüngter, kalkhaltiger Boden am besten geeignet. Pak-Choi ist dem Chinakohl ähnlich und wird ebenso angebaut, bildet aber keine geschlossenen Köpfe. Schon nach knapp zwei Monaten ist er erntereif. Grünkohl-Jungpflanzen kommen zu Beginn des Monats an ihren endgültigen Standort. Beim Blumenkohl bilden sich jetzt – gute Düngung vorausgesetzt – die Köpfe. Kohlrabi kann noch bis Mitte Juli ausgesät werden.

Buschbohnen sollten möglichst jung geerntet werden. Nach Ernteschluß schneidet man die Pflanzen dicht über dem Boden ab, läßt aber die Wurzeln in der Erde, um die düngende Wirkung der daran haftenden Knöllchenbakterien zu nutzen. Dasselbe gilt für die abgeernteten Erbsen. Stangenbohnen sind später erntereif. Um den Befall mit schwarzen Bohnenläusen zu vermindern, sollte reichlich gewässert und der Boden gemulcht werden.

Tomaten brauchen mit beginnender Fruchtbildung unbedingt eine Nachdüngung. Immer noch müssen Geiztriebe regelmäßig entfernt werden. Die Blätter darf man hingegen nicht abschneiden; sie werden zum Assimilieren gebraucht. Lediglich vergilbende, untere Blätter schneidet man ab.

Gurken bekommen ebenfalls noch organische Dünger. Bei hochwachsenden Salatgurken müssen die Seitentriebe weiterhin hinter dem ersten Fruchtansatz gekappt werden.

Vom Paprika entfernt man die erste Blü-

te; dadurch wird der Fruchtertrag erhöht.

Auch Mais erhält jetzt noch eine weitere Düngung.

Die Sommersaat von Radieschen erfordert wegen der flachen Wurzeln ausreichende Bewässerung.

Vom Rettich sind jetzt Aussaaten der Wintersorten an der Reihe. Der schwarze Rettich wird gewöhnlich erst ab Mitte Juli gesät. Mulchen ist bei der Rettichkultur wenig empfehlenswert; der Boden wird lediglich gehackt.

Beim Sellerie streut man Kochsalz auf die Erde zwischen den Anbaureihen (5–10 g/m²) und hackt es leicht ein; dadurch wird die Bildung weißer Knollen gefördert. Bis Mitte des Monats kann Knollenfenchel noch gesät werden. Für Rote Bete ist bis Ende Juli Aussaatzeit. Frühkartoffeln sind bereits erntereif, bevor das Laub welkt. Die Knollen holt man vorsichtig mit Hilfe einer Grabegabel aus der Erde.

Obst

Obstbäume

Bei den Kirschen sind jetzt auch die mittelfrühen Sorten erntereif. Die Früchte von Süßkirschen sollten stets mit Stiel abgenommen werden. Sauerkirschen kann man dagegen ohne Stiel pflücken. Die ersten Pflaumen früher Sorten sind reif, sobald gesunde Früchte von selbst abfallen.

Apfel- und Birnbäume können Anfang des Monats noch eine Nachdüngung erhalten, falls sie vorher nur mäßig versorgt wurden. Bei großzügiger Kompostverteilung auf den Baumscheiben ist diese Maßnahme allerdings entbehrlich.

Wasserschosse und Wurzelschößlinge sollte man möglichst schon entfernt haben.

Beerensträucher

Haupterntezeit ist in diesem Monat für Himbeeren, Stachelbeeren und Johannisbeeren. Jostabeeren sind gewöhnlich ab Mitte Juli erntereif. Bei den Johannisbeeren sind die spätreifenden, roten Sorten am besten zum Einmachen geeignet, während die frühen Sorten – auch die weißen – vorwiegend roh gegessen werden. Schwarze Johannisbeeren, die wegen ihres hohen Vitamin-C-Gehaltes wieder an Beliebtheit gewinnen, sollte man kurz vor der Vollreife pflücken. Sie eignen sich besonders gut zur Saftherstellung.

Da Beerensträucher durchweg flache Wurzeln aufweisen, ist gerade in der warmen Jahreszeit auf ausreichende Bodenfeuchtigkeit zu achten. Auf die Wichtigkeit des Mulchens kann gar nicht oft genug hingewiesen werden.

Gleich nach der Ernte sollte bei den Beerensträuchern bereits der Rückschnitt erfolgen (siehe August, Seite 58). Von den Brombeeren sind frühe Sorten ab Ende Juli pflückreif; die meisten Sorten jedoch erst ab Mitte August. Sofern von Beerensträuchern im Frühjahr Absenker auf die Erde geleitet wurden, haben sie jetzt Wurzeln gebildet und sollten spätestens zu diesem Zeitpunkt mit Erde angehäufelt werden. Abgeschnitten und neu gepflanzt werden sie erst im Herbst.

Juli

Erdbeeren

Nach der Ernte der einmaltragenden Erdbeeren beginnt die Erntezeit für die mehrmalstragenden Sorten, die sich bis zum Herbst erstreckt.

Nach drei, spätestens vier Jahren nimmt der Erdbeerertrag deutlich ab. Die Pflanzen kommen auf den Komposthaufen oder werden einfach untergehackt. Vorher holt man die bewurzelten Ableger aus der Erde, um sie für die Neupflanzung zu verwenden.

Im Juli und August ist die beste Zeit, um Erdbeerpflanzen zu setzen. Je früher sie in die Erde kommen, desto reichlicher bilden sie Wurzeln, und die Ernte im Folgejahr fällt höher aus. Erdbeeren dürfen nur auf Beeten gepflanzt werden, auf denen in den vergangenen drei bis vier Jahren keine Erdbeeren standen. Der Boden wird noch einmal reichlich mit Kompost versorgt und erhält zusätzlich organischen Dünger sowie Steinmehl. Auf einem Beet sollte man nicht mehr als zwei Reihen Erdbeeren setzen; Pflanzabstand 25–30 cm. Der Zwischenraum kann für Aussaaten von Feldsalat (ab August oder im Frühjahr) genutzt werden. Ein zu dichter Stand fördert Pilzkrankheiten.

Auch die Erdbeeren, die auf den Beeten verbleiben, brauchen jetzt Dünger und natürlich weiterhin Kompost. Spätestens nach der Ernte sollte man überflüssige Ausläufer abschneiden.

Da bei Sauerkirschen die Früchte am einjährigen Holz gebildet werden, empfiehlt es sich, die abgeernteten Triebe auf eine kräftige Knospe zurückzuschneiden. Ansonsten kann man im nächsten Jahr lediglich am Ende langer Astpeitschen Früchte ernten.

August

Allgemeines

Im naturgemäßen Gartenbau gilt das Mulchen der Gemüsebeete und der Baumscheiben unter Obstgehölzen als eine der wichtigsten Maßnahmen zur Bodenverbesserung. Durch die gleichmäßigere Bodenfeuchte und die Beschattung wird das Bodenleben angeregt, was sich positiv auf die Bodengare und Bodenfruchtbarkeit auswirkt. Weiterhin dämmt die Mulchdecke übermäßiges Unkrautwachstum ein und hält die Pflanzen sauberer, weil auch bei starkem Regen keine Erde an die Unterseite der Pflanzen spritzt. In den Sommermonaten wird die Erde zusätzlich vor dem Austrocknen geschützt. Das Abdecken aller freien Beetflächen mit angetrocknetem Grasschnitt, Laub, Stroh und allen möglichen Pflanzenresten bewirkt außerdem, daß dem Boden organische Substanzen zugeführt werden, die den Humusgehalt kontinuierlich erhöhen. Schädliche Einflüsse durch Regen oder Sturm, die beispielsweise zur Erosion, dem Abtragen der Humusschicht, führen, werden so verringert.

In den Sommermonaten wird die Erde nur dünn mit Pflanzenresten bedeckt. Das Material verrottet schnell und wird alle zwei Wochen durch neues ergänzt. Im Spätherbst sorgt eine dicke Laubdecke für einen hervorragenden Winterschutz. Kurzfristig kann man auch im Sommer die Mulchschicht großzügiger anlegen. Vorteilhaft ist das vor allem in der Urlaubszeit, weil die Bodenfeuchtigkeit so länger erhalten bleibt. Nach den Ferien wird die Abdeckung dann wieder bis auf einen Rest abgeräumt.

Gemüse

Späte Salat-Aussaaten

Die Zahl der Gemüsearten, die jetzt noch gesät werden können, hat sich erheblich vermindert. Anfang August ist letzter Termin für die Aussaat von Kopfsalat, der dann im November geerntet werden kann. Pflücksalat darf noch bis Ende des Monats gesät werden; Schnittsalat ebenso wie Radicchio sogar noch bis Anfang September. Empfehlenswert ist jetzt der Anbau von Winterkopfsalat, der auch während der kalten Jahreszeit im Beet verbleibt und im Frühjahr die erste Salaternte beschert. Der Reihen- und Pflanzabstand beträgt 25 cm. Man sollte jedoch etwas dichter säen, weil Ausfälle bei Kahlfrösten nicht ganz auszuschließen sind. Ein interessanter Spätsalat ist Winterportulak, auch Kubaspinat genannt. Er wird vorzugsweise in diesem Monat gesät; am besten breitwürfig. Noch vor Frostbeginn kann geerntet werden. Wenn das Beet mit einer Folie bedeckt wird, läßt sich die Erntezeit verlängern.

Sonne für Feldsalat und Spinat

Für Feldsalat beginnt erst jetzt wieder die Aussaatzeit. Bis Mitte des Monats gesät, ist er noch im Herbst fertig zum Ernten. Was nach diesem Termin gesät wird, kann im Winter und noch bis in den März hinein geerntet werden.

In der ersten Augusthälfte wird außerdem Spinat für die Ernte im November gesät. Windgeschützte Lage fördert die Entwicklung von Spinat. Sowohl für Feldsalat als auch für Spinat ist jetzt un-

bedingt ein vollsonniger Standort erforderlich, um eine schädliche Nitratanreicherung zu vermeiden.

Säen, pflegen und ernten

Mangold kann man Anfang August noch säen. Falls noch erntereife Pflanzen im Beet sind, ist eine Nachsaat gar nicht nötig. Nach dem Abschneiden der Blätter wird der Boden noch einmal gehackt, und bald treiben neue Blätter nach. Auf diese Weise sind bis zu vier Ernten im Jahr möglich.
Radieschen dürfen noch den ganzen Monat lang gesät werden. Die Samen von Winterrettich sollten dagegen bis spätestens Mitte des Monats in die Erde kommen.
Weiße Winterzwiebeln sät man ab Mitte August mit einem Reihenabstand von 20–25 cm; die Samen werden in 2 cm Abstand ausgelegt. Die Zwiebeln überstehen den Winter in günstigem Klima unbeschadet; zeitweise kann eine Folienabdeckung nötig sein. Erst im März des nächsten Jahres werden sie auf 10 cm Abstand verzogen. Erntezeit ist dann im Juni. Die in diesem Frühjahr gesäten Zwiebeln sind Ende August erntereif. Das Laub darf vorher nicht umgetreten werden. Nachdem die Zwiebeln mit dem Laub aus der Erde geholt wurden, läßt man sie zunächst einige Tage zum Trocknen auf dem Beet liegen; bei Regen lagert man sie unter dem Dach. Zum Aufbewahren hängt man sie, mit dem Laub zu einem Zopf geflochten, in einem trockenen, frostfreien Raum auf. Saatzwiebeln können erheblich länger gelagert werden als Steckzwiebeln.

Ende August beginnt auch für Knoblauch die Erntezeit. Die Lagerung erfolgt wie bei Zwiebeln. Einige Zehen sollte man gleich beiseite legen, um sie im September oder Oktober wieder in die Erde zu stecken. Bei nicht zu extremem Winterwetter wird man im Frühjahr frischen Knoblauch ernten können. Von frühen Sorten des Knollenfenchels ist ebenfalls Ende des Monats die erste Ernte fällig.
Kohlpflanzen sollten jetzt noch einmal leicht angehäufelt werden. Für Grünkohl ist Anfang August letzter Termin

Neue Blütenstände von Tomaten werden ab Ende August gekappt, denn die Früchte könnten ohnehin nicht mehr ausreifen. Das Laub sollte jedoch geschont und daher nicht abgeschnitten werden (s. S. 54).

zum Einpflanzen. Rosenkohl wird jetzt noch einmal gedüngt oder zumindest reichlich mit Kompost versorgt. Beim Brokkolianbau muß man aufpassen, daß er in Hitzeperioden nicht zu schnell aufblüht, denn dann ist er nur noch als Beetdekoration zu verwenden. Nach der Ernte bilden sich an den Seiten neue, kleinere Röschen aus, die noch bis in den November hinein mehrere Folgeernten ermöglichen.

Aussaatzeit ist in diesem Monat nur für späte Wirsingsorten, deren Ernte im November fällig ist, sowie Anfang August noch für Chinakohl.

Von den Tomatenpflanzen kappt man ab Ende August Blütenstände, die jetzt noch neu gebildet werden, denn die daran wachsenden Früchte würden ohnehin nicht mehr rechtzeitig ausreifen. Die Spitze der Pflanze wird jedoch nicht abgeschnitten. Weiterer Blattwuchs ist sogar erwünscht, um die im unteren Bereich abzuschneidenden, gelben Blätter zu ersetzen (s. Zeichnung S. 53). Gurken sollte man nicht zu groß werden lassen, weil sonst die Bildung neuer Früchte beeinträchtigt wird. Auch Zucchini erntet man möglichst jung.

An einem geschützten Standort sind jetzt Artischocken reif. Die Knospen schneidet man ab, bevor sie sich öffnen. Bei der Ernte von Roter Bete dürfen die Knollen nicht verletzt oder die Wurzeln abgeschnitten werden; sie bluten sonst aus.

abgeernteten Gemüsebeeten. Sie sorgen für eine rasche Bodenbedeckung und lockern mit ihren Wurzeln die Erde. Da sie den Gehalt an organischer Substanz im Boden erhöhen, nimmt auch die Zahl der Bodenlebewesen zu, die wiederum die organische Masse abbauen und die darin enthaltenen Nährstoffe so pflanzenverfügbar machen. Am schnellsten wächst Gelbsenf, der allerdings nicht vor oder nach Kohlarten gesät werden darf. Er friert im Winter bei tieferen Temperaturen ab; die Reste läßt man bis zum Frühjahr auf dem Beet liegen. Raps und Ölrettich bilden tiefe Wurzeln und lockern den Boden gründlich. Da sie winterhart sind, müssen sie im Frühjahr untergehackt werden. Auch sie vertragen sich aber nicht mit dem Kohlanbau.

Phacelia (Bienenfreund) ist eine schnellwüchsige Gründüngungspflanze, die sowohl die Bodengare verbessert als auch starken Unkrautbewuchs unterdrückt. Ihre blauen Blüten sind zudem recht dekorativ und dienen als Bienenweide.

Als Stickstoffsammler sind vor allem Leguminosen wie Lupinen, Futtererbsen, Sommerwicken und verschiedene Kleearten wertvolle Gründüngungspflanzen. Die beste Düngerwirkung im Boden zeigen sie, wenn man sie vor der Samenbildung unterhackt; gewöhnlich werden sie ohnehin vom Frost termingerecht »verarbeitet«.

Gründüngung aussäen

Beete sollten möglichst immer bedeckt sein. Ideal ist in diesem Monat die Aussaat von Gründüngungspflanzen auf

Artischocken sind ein sehr anspruchsvolles Gemüse;
Artischockenblüte (oben), Artischocke 'Große von Laon' (unten, siehe Seite 46).

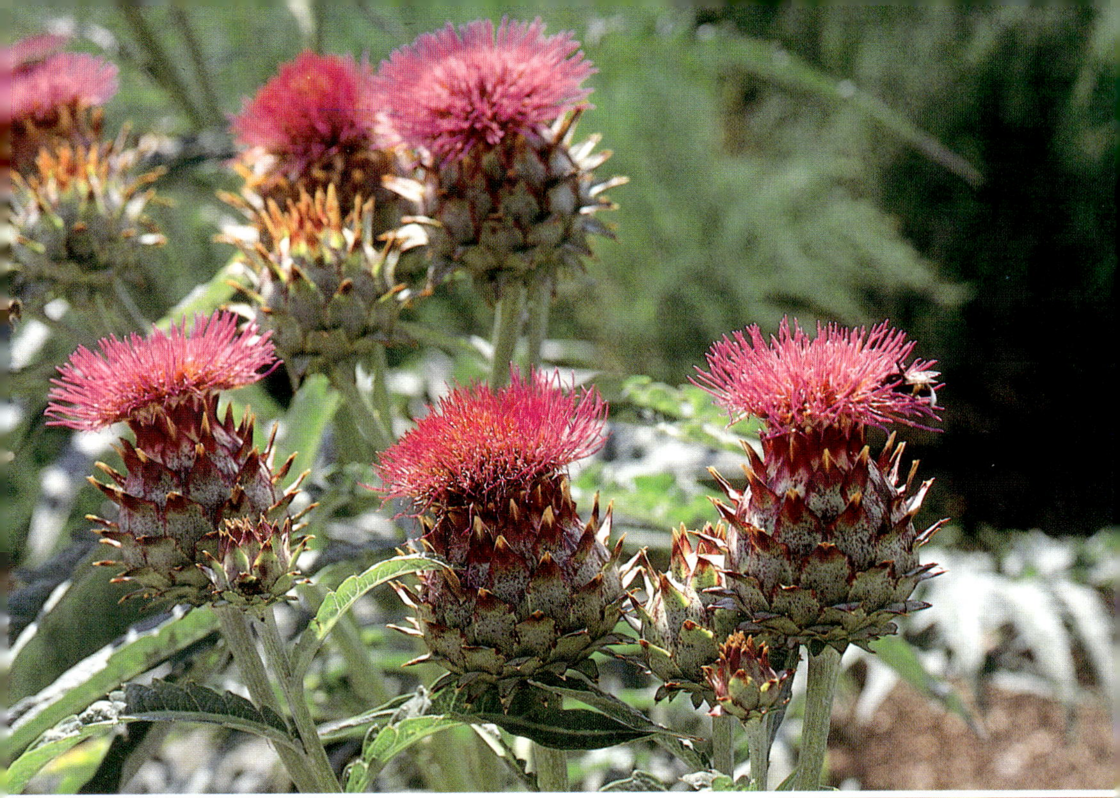

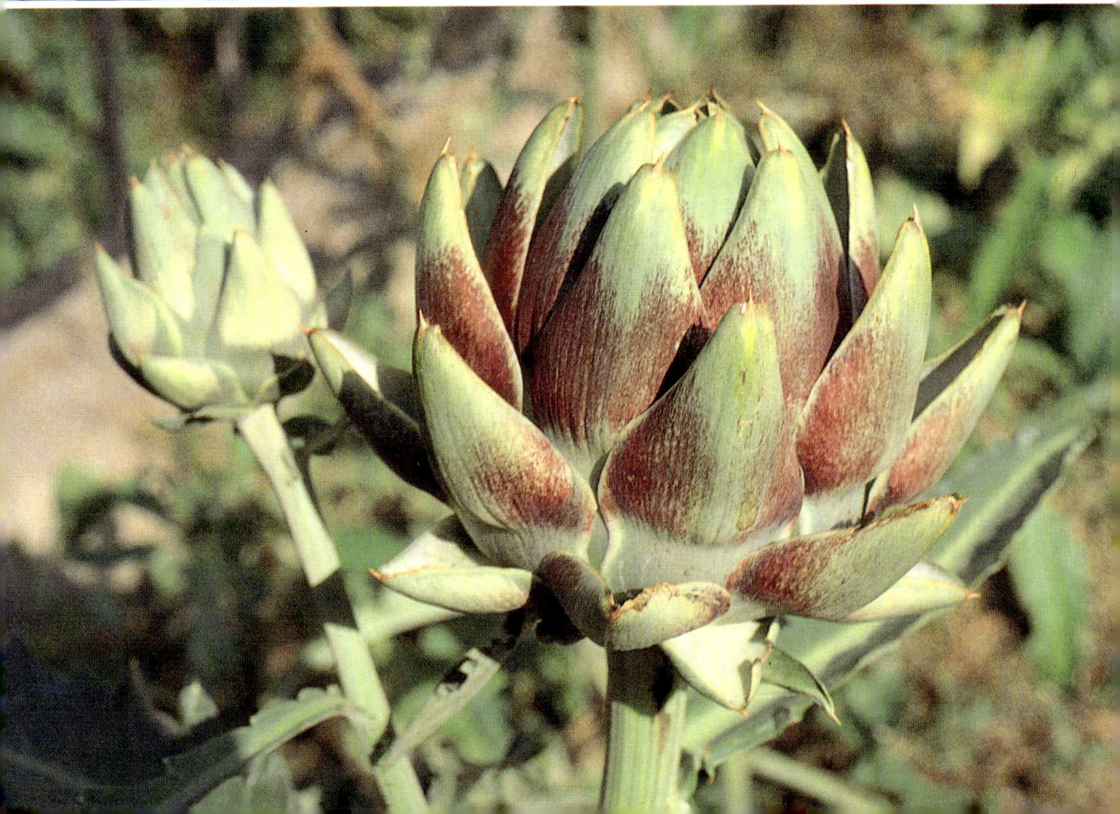

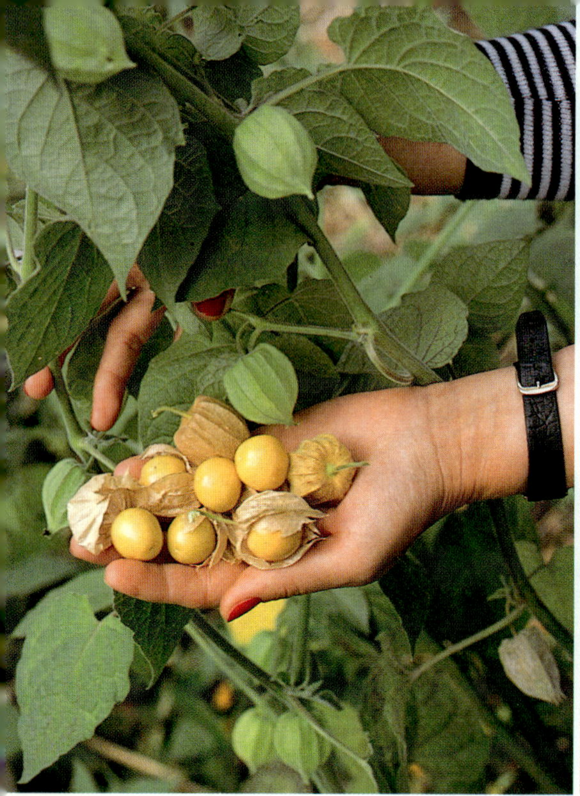
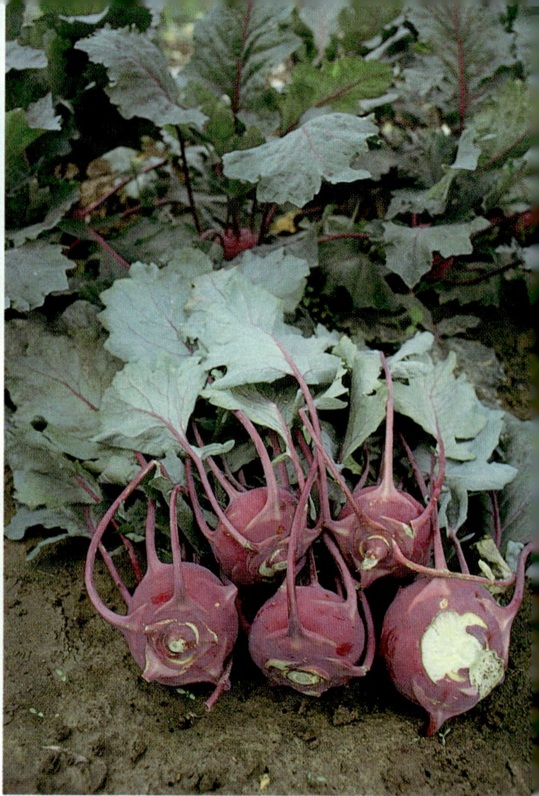
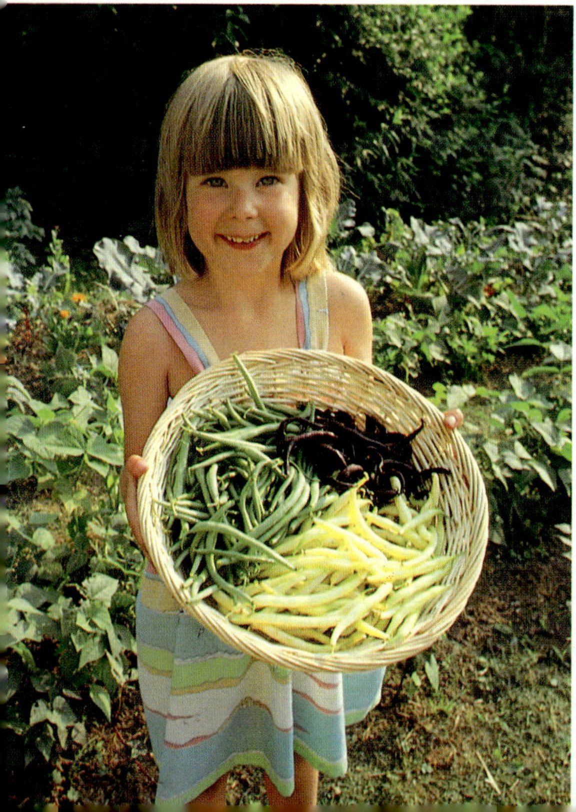
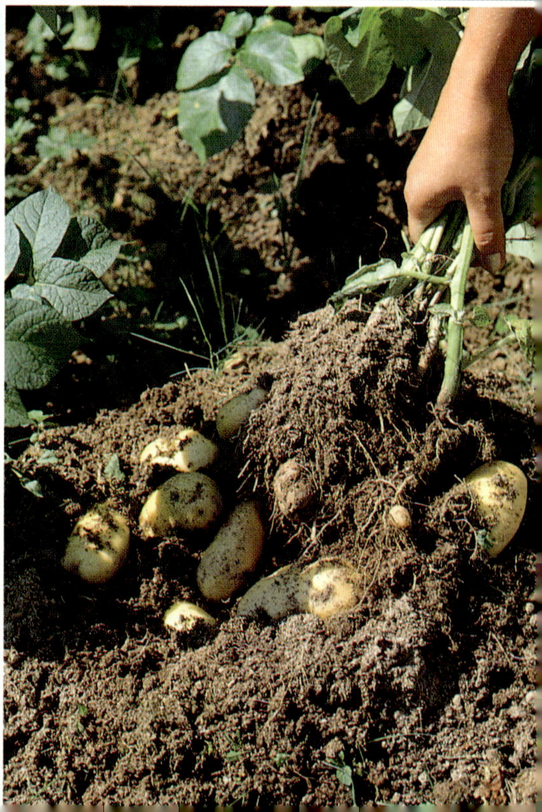

August

Kräuter

Der Monat August ist für die erneute Aussaat von Blatt-Petersilie ein idealer Zeitpunkt, denn der Boden ist noch ausreichend warm, so daß die Samen gut keimen. Für die Herbsternte reicht es nicht mehr, aber im Frühjahr steht dann wieder frische Petersilie zur Verfügung. Anfang des Monats können noch einmal Dill und Kerbel gesät werden. Mitte August sät man außerdem Baldrian aus.

Obst

Obstbäume – Ernte und Sommerschnitt

Neben Pflaumen, Mirabellen und Aprikosen sind jetzt auch die ersten Äpfel und Birnen erntereif. Früchte früher Sorten von Äpfeln und Birnen sollten möglichst nicht voll am Baum ausreifen, weil sie sonst im Geschmack fade werden. Besser läßt man sie nach dem Pflücken noch einige Tage liegen. Da die ersten Äpfel und Birnen jedoch besonders begehrt sind, werden sie ohnehin zum frühestmöglichen Zeitpunkt

Rechts:
Beim Sommerschnitt von Obstbäumen kommt es darauf an, den Gehölzen mehr Sonnenlicht zu verschaffen und vor allem nach innen wachsende Triebe zu entfernen.

Viermal ernten: Andenbeeren (oben links), Kohlrabi (oben rechts, siehe Seite 27), Bohnen (unten links, siehe Seite 39) und Kartoffeln (unten rechts, siehe Seite 27).

geerntet. Dagegen läßt man Aprikosen und auch Pfirsiche am Baum ausreifen. Wichtig ist in diesem Monat der Sommerschnitt von Obstbäumen, der den Winterschnitt ergänzen soll.

Wenn ein Obstbaum zahlreiche lange, einjährige Triebe, aber kaum Fruchtholz hervorbringt, ist das Schneiden im Sommer günstiger als im Winter. Der beste Zeitpunkt dafür ist ab Mitte August. Grundsätzlich ist darauf zu achten, daß durch den Eingriff mit der Schere mehr Licht ins Kroneninnere gelangt und sich gegenseitig störende oder nach innen wachsende Triebe entfernt werden. Bei Kirschbäumen müssen zusätzlich vertrocknete Triebspitzen, die auf Befall mit Monilia-Spitzendürre hinweisen, bis ins gesunde Holz zurückgeschnitten werden.

Beerensträucher – Ernte und Rückschnitt

Für Brombeeren ist jetzt Haupterntezeit. Wie bei den Himbeeren muß auch hier vor und während der Ernte für ausreichende Bodenfeuchtigkeit gesorgt werden. Zur gleichen Zeit reifen Kultur-Heidelbeeren, die erst dann gepflückt werden sollen, wenn sie einige Tage lang vollkommen blau durchgefärbt sind.

Abgeerntete Beerensträucher müssen in diesem Monat ausgelichtet werden. Die verschiedenen Beerenarten erfordern dabei eine recht unterschiedliche Behandlung, die hier nur in sehr groben Zügen wiedergegeben werden kann. Detaillierte Hinweise finden Sie in Fachbüchern. Himbeeren und Brombeeren

Himbeeren bilden gewöhnlich am zweijährigen Holz Früchte. Abgeerntete Triebe sind »fertig« und müssen bodentief abgeschnitten werden.

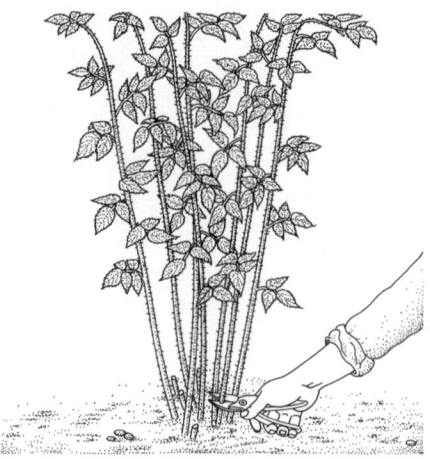

bilden durchweg am zweijährigen Holz Früchte. Abgeerntete Triebe werden daher bis unmittelbar über dem Boden abgeschnitten. Von den jährlich neu wachsenden Trieben entfernt man die dünnen und schwächlichen und läßt vier bis sechs kräftige Jungtriebe stehen. Bei den Brombeeren kappt man zusätzlich, falls nicht schon im Juli geschehen, die Hauptäste hinter der zweiten Knospe.

Schwarze Johannisbeeren tragen je nach Sorte am ein- und zweijährigen Holz die meisten Früchte und müssen deshalb regelmäßig verjüngt werden.

Rote und Weiße Johannisbeeren bringen ebenso wie Stachelbeeren im zweiten bis dritten Jahr den höchsten Fruchtertrag. Von den neu heranwachsenden Bodentrieben läßt man jedes Jahr zwei bis drei kräftige Ruten wachsen und schneidet dafür ebenso viele Triebe, die über vier Jahre alt sind, ab.

Auch bei Kiwisträuchern kann die Schere – abgesehen vom winterlichen Rückschnitt – in diesem Monat noch einmal angesetzt werden. Dabei kappt man jeden Trieb nach dem fünften oder sechsten Blatt oberhalb der Früchte.

Nach der Ernte werden Beerensträucher üblicherweise noch einmal gedüngt. Wenn allerdings regelmäßig gemulcht und zusätzlich unter den Sträuchern Kompost verteilt wurde, brauchen sie jetzt keine zusätzlichen Nährstoffe mehr.

Erdbeeren

Für Erdbeeren ist jetzt noch Pflanzzeit. Im August werden vor allem späte Sorten gesetzt (Pflanzung siehe Juli, Seite 51).

September

Allgemeines

Erntezeit bei Gemüse ...

Eine Ernte zum falschen Zeitpunkt kann das Erfolgserlebnis erheblich schmälern. Gemüse schmeckt am besten, wenn es unmittelbar vor dem Verzehr geerntet wird; dann ist auch der Nährstoffgehalt am höchsten. Bei den meisten Gemüsearten ist das günstigste Stadium kurz vor der Vollreife erreicht. Das gilt vor allem für Bohnen, Erbsen, Radieschen, Möhren, Kohlrabi, Rote Bete und Kürbisgewächse.

Viele Gemüsearten bieten mehrere Ernten. Von Spinat, Feldsalat, Mangold und Pflücksalat beispielsweise schneidet man zunächst nur die äußeren Blätter ab. Das »Herz« der Pflanze bleibt unversehrt, so daß neue Blätter nachtreiben. Auch vom Neuseeländer Spinat werden stets nur einzelne Blätter und Triebspitzen geschnitten.

Für die Ernte von Lagergemüse kommen späte Sorten in Frage (siehe November, Seite 68f.).

Jetzt können Sie ernten, was im Garten herangewachsen ist. Gemüse schmeckt am besten, wenn es unmittelbar nach der Ernte verzehrt wird.

... und Obst

Beim Obst wirkt sich zu frühes Pflücken nachteilig auf das Aroma aus, während ein zu später Erntetermin die Lagerfähigkeit beeinträchtigt. Pflaumen, Kirschen, Pfirsiche, Aprikosen und Beerenobst sind grundsätzlich dann erntereif, wenn die Früchte eine intensive Färbung aufweisen.

Sortenbedingte Unterschiede in der Ausfärbung der Früchte gibt es bei Äpfeln. Beispielsweise zeigen rote Äpfel das richtige Erntestadium durch eine leuchtende Farbe an; grünliche Äpfel müssen weißliches Fruchtfleisch aufweisen. Reife Birnen lassen sich beim Anheben der Frucht leicht von den Zweigen lösen; bricht der Stiel ab oder bleibt er am Zweig hängen, dann ist es noch zu früh zum Pflücken.

Gemüse

Noch einmal säen

Anfang September sind die letzten Aussaaten des Jahres fällig. Schnittsalat kann selbst bei einem so späten Aus-

saattermin noch im Herbst geerntet werden. Dagegen ist Feldsalat, der jetzt auf den abgeernteten Beeten ausgesät wird, erst im Frühjahr erntereif. Auf den abgeernteten Beeten kann Feldsalat jetzt auch breitwürfig gesät werden.

Gesät werden außerdem noch Winterkopfsalat, der gleichfalls erst im Frühjahr geerntet wird, sowie Radicchio, der jedoch bei winterlichen Kahlfrösten gelegentlich Ausfälle zeigt. Und schließlich können zu Beginn dieses Monats noch einmal Radieschen für die Herbsternte ausgesät werden.

Frostgefährdetes Gemüse nicht zu spät ernten

Schwerpunkt in diesem Monat ist natürlich die Ernte. Bei Gurken, Zucchini und Bohnen treiben mit abnehmender Temperatur keine neuen Früchte nach, und die Pflanzen kommen auf den Kompost. Das gilt auch für die anderen wärmebedürftigen Gemüsearten wie Melonen, Paprika und Auberginen; die Weiterkultur lohnt sich nur dann, wenn sie unter Glas wachsen. Paprika kann man auch grün ernten. Ihre gelbe oder rote Färbung erreichen sie meistens nur unter Glas.

Mit den Tomaten ist Ende September Schluß. Da sie beim ersten Nachtfrost erfrieren, sollte man vor allem in höheren Lagen die restlichen Früchte zu diesem Termin ernten. Grüne Tomaten reifen noch nach, wenn sie an einem warmen Platz aufbewahrt werden. Zuckermais ist reif, sobald sich die Fäden an den Kolben schwarz färben.

Der richtige Erntezeitpunkt für Zwiebeln ist gekommen, wenn sich das Laub gelb färbt. Bei reichlichem Niederschlag bleibt das Laub noch länger grün, obwohl die Zwiebeln fertig zum Herausholen sind.

Für Wintermöhren beginnt die Ernte erst ab Mitte September.

Derselbe Termin gilt für den ersten Endiviensalat. Bevorzugt werden hier helle Innenblätter, weil sie zarter schmecken. Bei dichtem Stand bleicht das Innere des Endiviensalats von selbst. Andernfalls können Sie jetzt mit einem Gummiband die Köpfe zusammenbinden. Die Blätter müssen vorher trocken sein, um Fäulnis zu vermeiden.

Sommerlauch wird bis Ende September geerntet. Herbstlauch ist erst später fällig; er sollte ebenso wie Winterlauch Anfang September noch einmal leicht angehäufelt werden.

Knoblauch

Pflanzzeit ist jetzt für Knoblauch. Die einzelnen Zehen werden mit 10 cm Abstand 5 cm tief in die Erde gelegt; Reihenabstand 10–20 cm. Empfehlenswert ist der Herbstanbau von Knoblauch jedoch nur in wärmeren Gegenden; andernfalls sollte Frühjahrspflanzung bevorzugt werden.

Rhabarber

Rhabarber kann man jetzt vermehren, indem ältere Pflanzen ausgegraben und die Wurzeln mit dem Spaten geteilt werden. Jedes Rhizom sollte mehrere Knospen aufweisen. Gepflanzt wird in einem Abstand von knapp 1 m, die Knospen sollten dabei zirka 4 cm mit Erde überdeckt werden.

September

So einfach können Sie Endivien bleichen: Mit einem Einmachgummiring werden die Köpfe zusammengebunden. Wichtig ist dabei, daß die Blätter zu diesem Zeitpunkt trocken sind.

Weitere Aussaat von Gründüngungspflanzen

Auch in diesem Monat kann noch Gründüngung gesät werden. Ein später Aussaattermin ist nicht von Nachteil, denn dadurch kommen die Gründüngungspflanzen nicht zum Blühen, sondern frieren beim ersten kräftigen Frost ab.

Kräuter

Im Kräuterbeet sind ebenfalls die letzten Ernten fällig, denn abnehmende Sonnenwärme wirkt sich negativ auf das Aroma aus. Das gilt zum Beispiel für Liebstöckel, Bohnenkraut, Basilikum, Zitronenmelisse und Pfefferminze. Bei einigen Kräutern lohnt es sich, sie auszugraben und in mit Gartenerde gefüllte Töpfe zu setzen, um auf der Fensterbank weiterhin ernten zu können. Geeignet sind Rosmarin, Majoran und vor allem Schnittlauch und Petersilie, die man in der Küche laufend braucht. Mehrjährige Gewürzkräuter können zurückgeschnitten, geteilt und neu gepflanzt werden. Das lohnt sich besonders bei Estragon, Liebstöckel, Salbei, Thymian, Zitronenmelisse und Pfefferminze.

Obst

Ernte

Weiter geht es jetzt mit der Ernte von mittelspäten Kernobstsorten und von späten Pflaumen und Zwetschgen (Erntezeitpunkt siehe Seite 57). Bei Zwetschgen, die zum Einmachen bestimmt sind, kann man sich die Arbeit erleichtern und sie einfach vom Baum schütteln. Quitten sind roh ungenießbar und nur zum Einkochen geeignet. Wenn sie sich goldgelb färben – bei warmem Wetter schon im letzten September-Drittel –, sollte man mit der Ernte nicht länger warten.

Pflanzenschutzmaßnahmen

Unreifes Obst, das vorzeitig abfällt, ist wurmstichig oder krank und sollte möglichst schnell vom Boden abge-

September

sammelt werden, damit sich Schädlinge oder Krankheiten gar nicht erst ausbreiten. Es kommt besser in den Mülleimer als auf den Kompost.

Um Apfel-, Kirsch- und Birnbäume vor dem Befall mit Frostspannern zu schützen, können jetzt wieder Leimringe um die Stämme der Bäume gelegt werden. Die Baumscheiben der Obstbäume sind durch die Ernte häufig festgetreten. Damit die Wurzeln bessere Bedingungen erhalten, lockert man die Bodenoberfläche im Kronenbereich und streut noch einmal Kompost aus. Auch das Gießen von verdünnter Brennesseljauche bekommt den Baumwurzeln zu dieser Zeit hervorragend.

Pflanzung von Beerensträuchern vorbereiten

Die Pflanzzeit für Beerenobst beginnt Ende September und reicht bis in den November; lediglich Brombeersträucher sind erst im Frühjahr an der Reihe. Die Bodenvorbereitung sollte aber unbedingt schon in diesem Monat abgeschlossen sein, damit sich die Erde noch vor der Pflanzung setzen kann.

Wurzelunkräuter, vor allem Quecken, sollte man dabei gleich sorgfältig entfernen. Die Pflanzmulde muß möglichst geräumig ausgehoben werden, damit die Wurzeln beim Einsetzen nicht gequetscht werden. Mit Kompost sollte nicht gespart werden, um den Sträuchern von vornherein gute Wachstumsbedingungen zu bieten.

Die Pflanzabstände werden häufig zu niedrig gewählt. Bei roten Johannisbeeren sind 1,50–2 m nicht zuviel, bei schwarzen Johannisbeeren 2–2,50 m. Stachelbeeren dürfen enger gesetzt werden; für Sträucher beträgt der Abstand 1,50 m, bei Hochstämmchen genügen 1,20 m. Hochwachsende Brombeeren setzt man zirka 1,50 m auseinander, während die rankenden Sorten 3–4 m Abstand benötigen. Himbeeren haben vergleichsweise bescheidene Platzansprüche. Man setzt sie nur 50 cm auseinander, wählt aber einen Reihenabstand von wenigstens 1,20 m. Der Standort für Beerensträucher muß vollsonnig sein. Nur rote und weiße Johannisbeeren können auch im lichten Schatten stehen. Wichtig ist eine regelmäßige Wasserversorgung.

Oktober

Allgemeines

Kompost

Was bei der Gartenarbeit in diesen Wochen an Pflanzenresten und Laub anfällt, wird selbstverständlich kompostiert. Das Produkt, das bei der Verrottung von Garten- und Küchenabfällen entsteht, ist nicht einfach Erde, sondern wertvolles Material aus komplizierten Substanzen, Humus- und Wirkstoffen – für die Bodenverbesserung unentbehrlich. Werden die Vorteile aus Kompostierung, Gründüngung und Mulchen sinnvoll miteinander verknüpft, so läßt sich die Fruchtbarkeit unserer Böden lange erhalten.

Geeignetes und ungeeignetes Material
Grundsätzlich sind nahezu alle Abfälle kompostierbar, die beim »Herbstputz« anfallen: Sämtliche Pflanzenteile, zerkleinerte Zweige, Rasenschnittgut, Moos- und Grasreste vom Vertikutieren des Rasens, Laub und Erde. Hinzu kommen Haushaltsabfälle wie Gemüse- und Obstreste, Kaffeesatz und Teeblätter, zerdrückte Eierschalen, Essensreste und Zellstoffpapier.
Nicht auf den Kompost gehört Material, das nicht verrottet: Metall, Kunststoffe aller Art, Glas, Porzellan und Steine. Die Schalen von gespritzten Zitrusfrüchten und Bananen, schimmelige Brotreste und Nüsse wirft man besser in den Mülleimer. Dagegen dürfen die Schalen von anderen gespritzten Früchten kompostiert werden. Samentragende Unkräuter legt man zehn bis zwölf Tage in einen Wasserbehälter; danach keimen sie nicht mehr.

Abfälle vermischen
Je unterschiedlicher das Kompostmaterial, desto besser verrottet es. Grobe Teile vermischt man jeweils mit feineren Abfällen – beispielsweise Grasschnitt mit Reisig –, um eine bessere Durchlüftung zu erzielen. Die Abfälle dürfen nicht zu naß, aber auch nicht zu trocken sein – nach einer Faustregel sollen sie sich »feucht wie ein ausgedrückter Schwamm« anfühlen.
Um den Verrottungsprozeß zu beschleunigen und die Kompostqualität zu verbessern, kann man Horn- oder Blutmehl sowie Stein- und Tonmehl hinzugeben. Kräuter wie Brennesseln, Kamille, Löwenzahn, Schafgarbe und Baldrian machen den Kompost noch wertvoller. Kalk ist in der Regel nicht nö-

Eine Kompostmiete sollte nicht höher als 1,50 m aufgeschichtet und maximal 2 m breit angelegt werden. Gegen zuviel Sonne und gegen Nässe wird die Miete mit Laub und Erde abgedeckt.

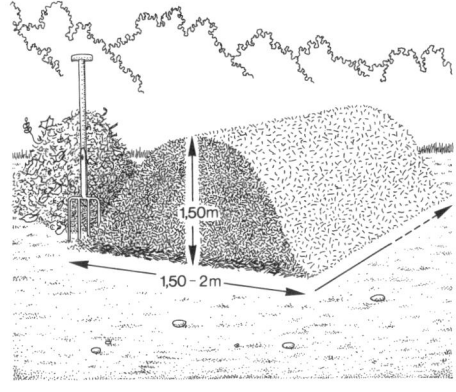

tig, denn bei Verwendung gemischter Abfälle weist Kompost einen neutralen Säuregehalt auf. Schon nach wenigen Tagen zeigt die Arbeit der zersetzenden Kleinsttierchen im Abfallmaterial Wirkung: Es erhitzt sich auf eine Temperatur bis zu 70 Grad. Keimende Samen, Schneckeneier und Krankheitserreger werden dabei abgetötet. Im Laufe der weiteren Verrottung sinkt die Temperatur dann wieder ab. Grundsätzlich kann ein Komposthaufen zu jeder Jahreszeit angelegt werden. Im Herbst sollte man nicht zu spät damit beginnen, weil die Verrottung bei Kälte verzögert wird.

Eine Folienabdeckung ist auch im Herbst sinnvoll, um frostempfindliches Gemüse vor Minusgraden zu schützen. In windausgesetzten Lagen ist das Beschweren der Folienränder mit Steinen unbedingt zu empfehlen.

Gemüse

Empfindliches Gemüse

In diesem Monat ist mit den ersten Nachtfrösten zu rechnen. In kühleren Regionen treten sie nicht selten schon Ende September auf. Frostempfindliche Arten – an erster Stelle Fruchtgemüse – müssen daher spätestens jetzt abgeerntet werden. Fällig sind Kürbisse und die letzten Bohnen. Tomaten kann man noch kurzfristig mit einer Folienhaube schützen, aber man läßt die Früchte besser im Haus nachreifen. Damit die Tomaten gleichmäßig rot werden, legt man sie am besten in Kisten, bedeckt diese mit Papier und stellt sie an einen dunklen Platz im Haus.

Kohlrabi, Radieschen, Rettich und Rote Bete sollte man möglichst vor Frostbeginn ernten. Von den Kohlarten ist allein Blumenkohl frostgefährdet, während Brokkoli und Chinakohl leichte Minusgrade überstehen und ebenso wie Rot-, Weiß- und Wirsingkohl erst ab Ende des Monats geerntet werden. Rosen- und Grünkohl verbleiben weiterhin auf den Beeten. Will man den Rosenkohl stutzen, um möglichst viele und gleichmäßige Röschen zu erhalten ist Anfang Oktober dafür der letzte Termin.

Auch bei Kopfsalat entscheidet die Sorte über die Frosthärte. Folienabdeckung ist hier empfehlenswert. Endiviensalat verträgt in der Regel Frost bis $-3\,°C$, Zuckerhutsalat übersteht sogar Temperaturen bis $-8\,°C$.

Gegen Ende des Monats ist, wenn nicht mit Folie abgedeckt wird, die Ernte von Sellerie, Knollenfenchel und Möhren fällig.

Oktober

Chicorée antreiben

Chicorée wird jetzt zum Treiben vorbereitet. Zunächst holt man die Pflanzen aus der Erde und läßt sie ein paar Tage – vor Sonne und Frost geschützt – draußen liegen. Die Wurzeln kürzt man danach ein wenig ein und schneidet das Laub 2–3 cm über der Wurzel ab. Anschließend stellt man sie dicht nebeneinander in eine Kiste oder einen Eimer mit Erde; Wasserabzugslöcher nicht vergessen. Bis zum oberen Rand der Wurzeln wird Erde aufgefüllt; bei älteren Sorten bis zum Gefäßrand. Die Erde wird mäßig feucht gehalten. Wichtig ist

1 Von den Chicoréepflanzen wird das Laub knapp zwei Fingerbreit über der Wurzel abgeschnitten.
2 Die Wurzeln stellt man in Eimer mit Erde, füllt Erde bis zum Gefäßrand auf und verhindert mit einer Abdeckung Lichteinfall. Neuere Sorten können auch ohne Abdeckung getrieben werden.
3 Je nach Temperatur – optimal sind 7–15 °C – dauert es vier bis sechs Wochen, bis die Triebe sichtbar sind.

eine Abdeckung gegen Lichteinfall. Eine Temperatur zwischen 7 und 15 °C bringt das beste Treibergebnis.

Ernte

Schwarzwurzeln sind ab Ende Oktober fertig zum Ernten. Da die Wurzeln leicht brechen, hebt man am besten an der Seite einen Graben aus, um die Wurzeln von einer Seite freizulegen. Mit einem Spaten drückt man sie hoch und kann sie unbeschädigt herausziehen.
Lagergemüse sollte möglichst spät, nicht vor Ende Oktober, geerntet werden (Lagerung siehe Seite 68).

Kräuter

Majoran ist frostempfindlich; die letzten Blätter müssen daher rechtzeitig geerntet werden. Rosmarin und Basilikum kann man jetzt noch eintopfen und auf eine helle Fensterbank stellen. Salbei, Thymian und Zitronenmelisse benötigen leichten Winterschutz, wobei schon das Anhäufeln mit etwas Laub genügt.

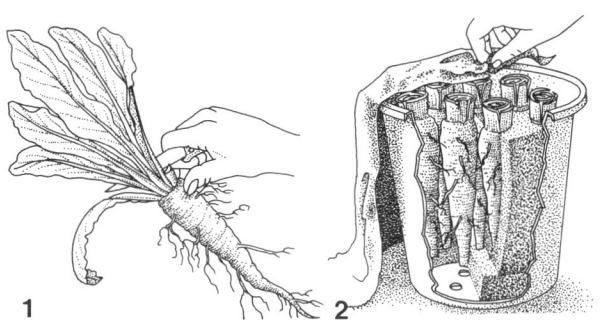

1

2

3

Oktober

Obst

Pflanzzeit für Obstbäume

Jetzt ist die beste Pflanzzeit für Apfel-, Birn-, Kirsch- und Pflaumenbäume. Bei mildem Herbstwetter und teilweise auch noch im Winter bilden sie neue Wurzeln und treiben im Frühjahr um so kräftiger aus. Pfirsich-, Aprikosen- und Quitten- und Walnußbäume sollten, da sie frostempfindlicher reagieren, erst im Frühjahr gepflanzt werden (siehe März/April, Seite 23/30). Die Auswahl der Obstsorten und Baumformen sowie geeignete Lagen für die einzelnen Obstsorten sind im Januar (siehe Seite 8 f.) beschrieben.

Das Pflanzloch wird mindestens eine Woche vor dem Pflanztermin ausgehoben; es sollte recht großzügig bemessen sein, so daß sich die Wurzeln später ungehindert ausbreiten können; 40 cm sind dafür nicht zu tief. In verdichteten Böden muß die Erde noch tiefer gelockert werden.

Den Wurzelballen stellt man zunächst mehrere Stunden lang in einen Eimer mit Wasser. Beschädigte Wurzeln werden vor dem Pflanzen gekürzt. Zuerst gräbt man einen kräftigen Stützpfahl ein. Die Veredelungsstelle soll sich nach dem Einsetzen ca. 10–15 cm über der Bodenoberfläche befinden. Während der mit Kompost vermischte Erdaushub eingefüllt wird, rüttelt man den Baum mehrfach, so daß keine Hohlräume an den Wurzeln verbleiben und tritt die Erde an. Anschließend wird mit kräftigem Wasserstrahl eingeschlämmt; ein Gießrand verhindert, daß Wasser abfließt.

Richtige Auswahl

Richtige Auswahl

Äpfel zählen zu den beliebtesten Obstarten im Garten, obwohl sie nicht gerade anspruchslos sind. Hier ist die Wahl einer geeigneten Sorte besonders wichtig. Zur Befruchtung der Blüten brauchen sie einen geeigneten Pollenspender. Die kleinsten Äpfelbäume brauchen nur 1 m Abstand, während Hochstämme 7–8 m auseinander stehen müssen.

Birnen benötigen zur Bestäubung ebenfalls einen Pollenspender. Sie sind weniger anfällig für Krankheiten und Schädlinge als Äpfel. Der erforderliche Abstand reicht je nach Baumform von 1 m bis zu 7 m bei Hochstämmen.

Sauerkirschen sind im Hausgarten bevorzugte Obstgehölze, denn sie weisen die geringsten Ansprüche auf. Die meisten Sorten sind, mit einigen Ausnahmen, selbstfruchtbar, können also auch einzeln gepflanzt werden. Neue, schwachwüchsige Baumformen sind auch für kleine Gärten geeignet.

Süßkirschen brauchen in der Nachbarschaft einen passenden Pollenspender, damit die Befruchtung der Blüten klappt. Die großkronigen Bäume erfordern viel Platz; der Abstand zum nächsten Baum muß mindestens 7–8 m betragen.

Beerensträucher und Kiwis

Auch Beerensträucher können in diesem Monat gesetzt werden (siehe September, Seite 62).

Kiwis sind ab Mitte Oktober erntereif. Sie müssen auf jeden Fall noch vor dem Einsetzen stärkerer Fröste gepflückt werden.

Allgemeines

Beete für den Winter vorbereiten

Ob Beete vor dem Winter umgegraben werden müssen, hängt entscheidend von der Bodenbeschaffenheit ab. Die Bearbeitung mit dem Spaten läßt sich kaum umgehen, wenn die Erde stark lehmig und verfestigt ist oder eine Wiesen- oder Rasenfläche in Gemüsebeete umgewandelt wird. In diesem Fall sollte die Erde in bewährter Manier grobschollig gewendet werden. Frosteinwirkung im Winter sprengt die Schollen und hinterläßt feinkrümelige Erde.

Alternative zum Umgraben

In einem leichten, sandigen Boden und auf Beeten, die bereits eine lockere, ausreichend dicke Humusschicht aufweisen, braucht man keinen Spaten. Auf den abgeernteten Beetflächen wird eine 15–20 cm starke Laubdecke ausgebreitet. Am besten ist gemischtes Laub unterschiedlicher Gehölze. Blätter von Eichen- oder Nußbäumen sind weniger geeignet, da sie schwer verrotten; sie werden auf einem Extra-Komposthaufen aufgeschichtet. Auch das Laub von Bäumen, die direkt an sehr stark befahrenen Straßen stehen, sollte wegen möglicher Schadstoffablagerungen nicht im Nutzgarten verwendet werden.
Damit das Laub auf den Beeten nicht vom Wind weggetragen wird, durchfeuchtet man es gründlich. Zusätzlich können die Blätter mit frischen Gartenabfällen vermischt werden. Obendrauf verteilt man halbfertigen Kompost.

Baumscheiben-Pflege

Auch für die Obstgehölze ist das Abdecken der Baumscheiben mit Laub und Kompost empfehlenswert. Hier wäre Umgraben ohnehin falsch, denn die Wurzeln der Obstbäume und erst recht die Wurzeln der Beerensträucher wachsen recht flach. Die Mulchschicht sollte allerdings nicht direkt bis zum Baumstamm reichen, weil sich sonst Wühlmäuse darunter ansiedeln können. Verdichtete Baumscheiben von Obstbäumen dürfen lediglich mit der Grabegabel gelockert werden, damit mehr Sauerstoff in den Boden gelangt.

In einer Erdmiete ist das eingelagerte Gemüse vor Frost geschützt; eingebettet in Stroh und Sand. Eine Abdeckung aus Stroh und Erde darüber hält Minusgrade zuverlässig ab. Die Miete ist evtl. gegen Mäuse zu schützen (s. S. 68).

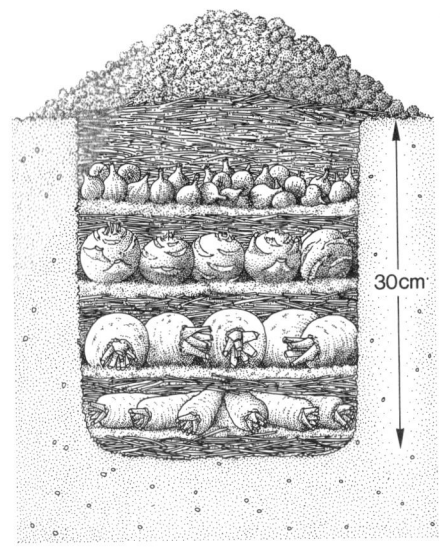

30cm

November

Gemüse und Obst lagern

Obst- und Gemüsearten, die für die Lagerung bestimmt sind, dürfen nicht zu früh geerntet werden. Sie müssen trocken und unbeschädigt sein. Geeignete Lagerstätten sind gut gelüftete Keller oder Schuppen, die frostfrei, aber nicht zu warm sind (maximal 10 °C). Obst kann in einem ausreichend feuchten Raum in speziellen Obststeigen oder flachen Kisten offen gelagert werden. Bei zu geringer Luftfeuchtigkeit ist auch die Aufbewahrung in dünnen Folienbeuteln möglich.

Obst und Gemüse sollten nicht in demselben Raum gelagert werden.

Gemüse kann man auch im Frühbeet oder in einer Erdmiete lagern. Im Frühbeet wird die Erde 30 cm tief ausgehoben, am Boden gründlich gelockert und das Gemüse in die Erde eingeschlagen. Gegen starke Fröste legt man über das Frühbeetfenster Schilf- oder Strohmatten und bedeckt die Seitenwände mit Laub. Für eine Erdmiete hebt man im Gemüsebeet oder an anderer Stelle eine 30 cm tiefe Mulde aus, bedeckt den Boden mit Sand oder Stroh und legt das Gemüse schichtweise in die Grube, jeweils mit Sand oder durchlässiger Erde bedeckt. Zuletzt kommt eine dicke Strohabdeckung darüber. Mit zunehmendem Frost wird auch der Bodenaushub als zusätzlicher Kälteschutz auf dem Stroh verteilt.

Hat man Mäuse im Garten – empfiehlt es sich, die Seitenflächen und den Boden der Erdmiete mit Ziegelsteinen aufzubauen und die Miete mit einem Deckel, z. B. aus Holz, der zusätzlich beschwert wird, abzudecken.

So gelangen die kleinen Nager nicht an das begehrte Lagergemüse.

Gemüse

Ernte und Lagerung

Bis Ende November ist auch für diejenigen Gemüsearten Ernteschluß, die mäßige Fröste überstehen. Das gilt vor allem für Sellerie, Endivien, Chinakohl und Wirsing. Für eine längere »Erntezeit« schlägt man sie im Frühbeet ein. Endivien und Chinakohl gräbt man zum Lagern mitsamt Wurzelballen aus der Erde, beim Wirsing bleibt nur der Strunk dran. Vom Sellerie werden die Blätter vor dem Einlagern bis auf 1–3 cm Länge abgeschnitten; dasselbe gilt für Rettich und Rote Bete. Fenchel sollte man bis Mitte des Monats aus der Erde holen. Die Knollen sind ebenfalls lagerfähig. Winterlauch ist nicht unbedingt frosthart. Anhäufeln hilft ein wenig; sicherer ist jedoch auch hier der Einschlag im Frühbeet oder in der Erdmiete.

Vollkommen winterhart ist Grünkohl, während Rosenkohl in Gegenden mit extremer Kälte nicht immer durchhält. Frosteinwirkung ist für diese Kohlarten von Vorteil, weil dadurch der Geschmack positiv beeinflußt wird.

Beim Ernten von Spinat und Feldsalat sollte man jetzt nur die Blätter verwenden, denn sie weisen einen geringeren Nitratgehalt auf als die Stiele. Artischokken bekommen über die welkenden Blätter eine dicke Laubabdeckung, damit die Pflanzenwurzeln auch bei starken Frösten geschützt sind.

Ein Frühbeet läßt sich ausgezeichnet zur Gemüselagerung zweckentfremden. Anfangs genügt die Glasabdeckung als Schutz gegen leichte Fröste, später wird zusätzlich mit einer Strohmatte oder Laubschicht abgedeckt.

1 Grünkohl verträgt Frost
2 Winterlauch anhäufeln
3 Rote Bete, Rettiche und Sellerie (im Frühbeet, Blätter werden auf 1–3 cm abgeschnitten)
4 Endivien (die Wurzeln bleiben dran)

November

Kräuter

Schnittlauch und Petersilie stehen auch während der Wintermonate zur Verfügung – in Töpfen auf der Fensterbank. Zur Schnittlauch-Treiberei gräbt man jetzt einige Schnittlauch-Wurzelklumpen aus, läßt sie auf dem Beet liegen und durchfrieren. Später holt man die Wurzelstücke ins Haus, läßt sie – falls nötig – auftauen, setzt sie in Töpfe mit etwas Erde und überbraust sie mit warmem Wasser.

Von Wurzelpetersilie werden jeweils mehrere Wurzeln in einen Topf mit Erde gepflanzt. Die Gefäße bleiben zunächst draußen, müssen aber mit einer Laubschicht abgedeckt werden. Nach und nach können die Töpfe hereingeholt und zum Antreiben auf die Fensterbank gestellt werden.

Der Schnittlauch wird ausgegraben und nach dem Durchfrieren der Ballen ins Haus geholt.
Damit er kräftig und gesund austreibt, sollte er vor dem Überbrausen geputzt, d.h. von dünnen oder faulen Schlotten befreit werden.

Obst

Bis Mitte November können Obstgehölze noch gepflanzt werden. In wärmeren Gegenden ist auch noch ein späterer Termin möglich. Auch die Bodenbeschaffenheit spielt bei der Pflanzzeit eine Rolle: In leichten, sandigen Böden dürfen Gehölze länger gepflanzt werden als in lehmiger, feuchter Erde.

Winterschutz ist nur bei Herbstpflanzung von Aprikosen und Pfirsichen nötig. Man kann sie zusätzlich schützen, indem sie mit Strohmatten umhüllt und die Baumscheibe dick mit Laub bedeckt werden. Kiwipflanzen sind bei Frost unter 12 °C gefährdet. Empfehlenswert ist das Einhüllen des Stammes mit Vlies bis in 1 m Höhe. Der Wurzelbereich wird mit einer Laubschicht, die aber nicht direkt bis an den Stamm reichen sollte, vor Frost geschützt.

Dezember

Allgemeines

Wieviel Kalk braucht der Boden?

In den Wintermonaten wird auf die Beete und auf die Baumscheiben der Obstgehölze Kalk gestreut – so und ähnlich lauten Gartentips für diese Jahreszeit. Das ist nur bedingt richtig, denn Kalk sollte nur nach einer Bodenprobe (siehe unten: »Eine Bodenprobe bringt Klarheit«) verteilt werden.

Durch das Streuen von Kalk läßt sich der Säuregehalt des Bodens regulieren; Maßeinheit dafür ist der pH-Wert. Ein niedriger pH-Wert bedeutet, daß die Erde sauer ist, ein hoher pH-Wert weist auf einen alkalischen Boden hin. Ideal ist im Regelfall die Mitte, also ein neutraler bzw. schwach saurer Boden, denn nur dann sind alle Nährstoffe für die Pflanzen verfügbar. Der pH-Wert sollte zwischen 6 und 7 betragen; in leichten, sandigen Böden etwas weniger.

Eine genaue Bestimmung des pH-Werts erhält man bei der Analyse einer Bodenprobe. Der Fachhandel bietet außerdem Test-Sets zum Messen des Säuregehalts an, mit denen sich eine grobe Einschätzung erzielen läßt. Kalk ist nur dann erforderlich, wenn der Boden sauer, der pH-Wert also zu niedrig ist.

Gestreut wird während der Wintermonate – auch bei Schnee. Geeignet ist kohlensaurer Kalk oder Algenkalk.

Eine Bodenprobe bringt Klarheit

Alle zwei bis drei Jahre sollten Bodenproben entnommen und analysiert werden. Die Laboruntersuchung kann man bei einer der Landwirtschaftlichen Untersuchungs- und Forschungsanstalten (LUFA) durchführen lassen, die in fast allen Bundesländern vertreten sind. In der Analyse wird neben dem pH-Wert der Phosphor-, Kalium- und Magnesiumgehalt der eingeschickten Erdprobe festgestellt und eine individuelle Düngungsempfehlung gegeben. Anleitung zur Probeentnahme und Preise für die Analyse bitte vorher erfragen.

Gemüse

Auf den Beeten gibt es jetzt kaum etwas zu tun. Grünkohl und Rosenkohl können nach Bedarf geerntet werden. Beim Rosenkohl hängt die Winterhärte von der Sorte ab. Wenn bei weniger robusten Sorten die Röschen nach einer strengen Frostnacht steifgefroren sind, kommen sie nach dem Auftauen gleich in den Kochtopf, weil sie draußen nicht länger halten würden. Grünkohl kann den ganzen Winter über im Beet verbleiben, darf aber nicht abgedeckt werden, da sonst die Blätter faulen. Auch Lauch erweist sich als recht kälteresistent und bietet oft noch im Winter Ernten; sicherer ist jedoch das Einlagern. Der letzte Chinakohl und Zuckerhutsalat sollte geerntet sein, bevor stärkere Fröste einsetzen. Feldsalat ist vollkommen winterhart. Auch wenn er wochenlang vom Schnee bedeckt ist, erholt er sich im Frühjahr wieder und treibt neu aus.

Beim »Ernten« aus dem Winterlager wird das Gemüse kontrolliert. Solches mit Faulstellen nimmt man gleich heraus, damit das übrige Gemüse unversehrt bleibt.

Dezember

Obst

Pflege des Obstgartens

Mit dem Schnitt der Obstbäume sollte man sich noch ein paar Wochen gedulden, denn stärkere Fröste folgen erfahrungsgemäß erst im Januar und Februar.

Lediglich vom Süßkirschenbaum kann man Anfang Dezember einzelne Zweige für die Vase abschneiden, um sie rechtzeitig zu Weihnachten zum Blühen zu bringen.

Wenn der Herbst sehr niederschlagsarm war, können Obstbäume an frostfreien Tagen durchaus noch einmal ausgiebig gewässert werden. Das ist nicht nur für neu gepflanzte Obstgehölze wichtig, sondern auch für ältere Bäume. Leimringe müssen, falls noch nicht geschehen, jetzt um die Stämme

gelegt werden. Denn gerade zu dieser Zeit ist der Frostspanner aktiv, der auf diese Art an der Eiablage gehindert werden soll.

Nistkästen aufhängen

Nistkästen sollte man möglichst früh in den Bäumen anbringen, damit sich Vögel rechtzeitig daran gewöhnen und sie im zeitigen Frühjahr als Nistgelegenheiten annehmen. Das muntere Treiben der Meisen und anderer gefiederter Gäste zwischen den Obstgehölzen ist nicht nur ein erfreulicher Anblick, sondern auch Selbstzweck. Schon im Winter picken die Vögel zahlreiche Insektenlarven aus den Baumritzen. Und im Frühjahr fangen sie für ihre Nachwuchsaufzucht Unmengen von Insekten, so daß die Gefahr des Schädlingsbefalls von vornherein vermindert wird.